Alexander Sipek

Kulturintegration als wesentlicher Erfolgsfaktor

Strategische Handlungsempfehlungen und Ablaufplanung für Integrationsmaßnahmen vor, während und nach einer internationalen M&A Transaktion

Diplomica® Verlag GmbH

Sipek, Alexander: Kulturintegration als wesentlicher Erfolgsfaktor:
Strategische Handlungsempfehlungen und Ablaufplanung für Integrationsmaßnahmen vor, während und nach einer internationalen M&A Transaktion,
Hamburg, Diplomica Verlag GmbH 2012

ISBN: 978-3-8428-8996-5
Druck: Diplomica® Verlag GmbH, Hamburg, 2012

Bibliografische Information der Deutschen Nationalbibliothek:
Die Deutsche Nationalbibliothek verzeichnet diese Publikation in der Deutschen Nationalbibliografie; detaillierte bibliografische Daten sind im Internet über http://dnb.d-nb.de abrufbar.

Die digitale Ausgabe (eBook-Ausgabe) dieses Titels trägt die ISBN 978-3-8428-3996-0 und kann über den Handel oder den Verlag bezogen werden.

Inhaltsverzeichnis

1 Einleitung

1.1 Themenbegründung und persönliche Motivation

Immer öfter stoßen Unternehmen beim organischen Wachstum an ihre Grenzen. Entweder sind sie trotz weltweit fortschreitender Globalisierung mit gesättigten Märkten konfrontiert, schaffen es aus verschiedensten Gründen nicht, neue und innovative Produkte zu entwickeln oder aber die steigende Nachfrage nach Konkurrenzprodukten führt zu einer Verringerung bisheriger Marktanteile. Daraus ergibt sich oftmals die Notwendigkeit, Wachstum etwa durch die Übernahme eines bestehenden Konkurrenzunternehmens zu generieren und letztendlich neue Märkte zu erschließen, bestehende zu erweitern und Synergien für das eigene Geschäft zu heben.

Obwohl ausgehend von der Wirtschafts- und Finanzkrise das M&A Volumina in den letzten Jahren rückläufig war, zeigt die Tendenz für die kommenden Perioden wieder deutlich nach oben.[1] Unternehmen sind mit globalen Herausforderungen konfrontiert, die sie zu strategischen Maßnahmen zwingen. Die Globalisierung an sich, der Aufstieg anderer Volkswirtschaften wie jene der BRICs Staaten oder die marktwirtschaftliche Öffnung Südosteuropas und eine damit verbundene Chance auf neue Absatzmärkte für die eigenen Produkte; all diese Szenarien führten und führen bei wachstumsorientierten, international ausgerichteten Unternehmen zu einer gewissen Notwendigkeit Maßnahmen zu ergreifen, um auch zukünftig zu den „führenden Marktteilnehmern" zu gehören.

Vorausgesetzt man hat sich in den relevanten Gremien z.B. für die Übernahme eines bestehenden Konkurrenzunternehmens oder für eine Akquisition im Zuge einer Privatisierung entschieden, dann liegt nach der Vertragsunterzeichnung die Hauptarbeit noch vor den handelnden Akteuren. Erst nach dem sogenannten Closing (Vertragsunterzeichnung) beginnt die eigentliche „Übernahme" des Unternehmens. Übernehmende Gesellschaften sind dabei mit Problemen konfrontiert, die im schlimmsten Falle zu einem Scheitern der M&A Transaktion führen können, da die gewünschten Effekte nicht wie geplant eintreten.

---

[1] Ramerstorfer, Professionelles Synergiemanagement, 1

Diese Arbeit soll unter anderem die Wichtigkeit der „Post-merger“ Phase hervorheben und einen wesentlichen Fokus auf die Thematik der Kulturintegration als wesentlichen Bestandteil des gesamten M&A Prozesses legen. Leider zeigt sich in der Praxis des Öfteren, dass der wesentliche Fokus des Managements auf der Vertragsunterzeichnung an sich liegt. Dabei wird häufig übersehen, dass bereits in der Pre-Merger Phase zusätzlich zu den standardmäßig durchgeführten Due Dilligences über die rechtlichen, steuerlichen und finanziellen Rahmenbedingungen auch Due Dilligences unter anderem zu den Themenschwerpunkten Kultur, Geschichte, Verhalten oder Ausbildungsniveau der Belegschaft innerhalb des bestimmten Landes durchgeführt werden könnten und eigentlich auch müssten.[2] Das Wissen um die Tragweite der Ergebnisse dieser Analysen würde mit Sicherheit viele Entscheidungsträger für eine professionelle „Post-merger“ Arbeit sensibilisieren, da in letzter Konsequenz einige M&A Transaktionen nicht finalisiert worden wären.

Für mich persönlich hat das Thema Integrationsarbeit und insbesondere der Fokus auf die kulturellen Aspekte einen hohen Stellenwert, da ich auch beruflich seit einigen Jahren in einem Tochterunternehmen eines österreichischen Energiekonzerns in Südosteuropa tätig bin. Gemeinsam mit meinen Kollegen vor Ort sind wir auch für die Integration des Unternehmens in das Konzerngefüge verantwortlich. Die Entscheidungsträger des Mutterkonzerns unterstützen uns bei dieser Tätigkeit durch verschiedensten Maßnahmen, die eine optimale Integrationsarbeit ermöglichen und auch sicherstellen sollen. Neben persönlichkeitsbildenden Maßnahmen für uns entsandte Mitarbeiter wurden zusätzlich unterschiedlichste länderübergreifende Veranstaltungen organisiert, bei denen der Fokus natürlich auf einer Vereinheitlichung der Konzernkultur lag und liegt aber immer mit dem Zusatz, dass auch jedes Land für sich genügend „Platz“ bekommt, um seine Kultur – die länder- wie auch die unternehmensspezifische – darzustellen und einzubringen.
Aus dieser Tätigkeit heraus ergab sich der Wunsch, eine Arbeit zu diesem Thema zu verfassen. Oberstes Ziel für mich ist es aber diese Arbeit so zu gestalten, dass auch jene Personen die zwar Erfahrungen mit M&A Transaktionen und Integrationsarbeit aber nicht im Speziellen mit den Aspekten der unternehmenskulturellen Integration

[2] Scott, Due Diligence in der Praxis, 33f

und den damit verbundenen Chancen und Risiken haben, ein Verständnis für diese Thematik entwickeln können.

1.2 Hypothesen & Zielsetzung dieser Arbeit

In der vorliegenden Arbeit soll auf die Integrationsarbeit im Rahmen einer M&A Transaktion eingegangen werden; dabei wird der Hauptfokus auf den Teil der Kulturintegration als wesentlicher Erfolgsfaktor gelegt werden. Es soll aufgezeigt werden, was grundsätzlich unter dem Begriff der Unternehmenskultur verstanden wird und in weiterer Folge wie wichtig das Wissen darum ist, wenn man ein Unternehmen übernimmt und dieses in einen bestehenden Konzernverband integrieren will. Diese Arbeit hat nicht zum Ziel die Integrationsarbeit in ihrer vollen Gesamtheit zu betrachten, sondern legt den Hauptfokus auf die Phasen einer M&A Transaktion und die notwendigen Tätigkeiten davor und danach, welche im Zusammenhang mit der Kulturintegration stehen.

Diese Arbeit verfolgt das Ziel, die nachfolgenden Hypothesen zu überprüfen:

- Kulturintegration ist ein wesentlicher und oftmals unterschätzter Erfolgsfaktor bei M&A Transaktionen

- Es gibt einen Zusammenhang zwischen Unternehmenskultur und wirtschaftlichem Erfolg eines Unternehmens

- Kulturintegration beginnt schon weit vor der Post-Merger Phase und muss bereits im Vorfeld thematisiert und professionell bearbeitet werden

- Die Vorgehensweise bei der kulturellen Integration kann geplant und in verschiedenen Schritten abgearbeitet werden

Für mich persönlich setze ich mir mit der Ausarbeitung dieser Thematik das Ziel, meine bereits vorhandene praktische Erfahrung im Bereich Integration und Kulturintegration um die theoretischen Aspekte zu erweitern und eine Verbindung zwischen der theoretischen Meinung und meiner persönlichen Erfahrung herzustellen. Des Weiteren will ich für mich selber überprüfen, ob die von mir und dem gesamten Team geleistete Integrationsarbeit gemäß den wissenschaftlichen Abhandlungen optimal umgesetzt wurde und im Falle, dass dies nicht passiert ist, in welchen Punkten es Verbesserungsbedarf gegeben hätte/gibt.

1.3 Aufbau der Arbeit

In Kapitel 1 dieser Arbeit erfolgt mittels einer kurzen Einleitung zum Thema eine Sensibilisierung hin zur Notwendigkeit, die kulturelle Integration professionell zu betreiben. In weiterer Folge beschreibe ich, warum ich mich für die Ausarbeitung dieser Thematik entschieden habe, welche Ziele ich damit verfolge und wie ich dabei vorgehen werde.

Kapitel 2 dient der Begriffsdefinition Unternehmenskultur, stellt die Ebenen dieser vor und befasst sich dann detaillierter mit den Funktionen dieser. Die Auseinandersetzung mit dem Begriff Unternehmenskultur und das Herausarbeiten der Wichtigkeit auch für den Unternehmenserfolg stellt für mich die Basis dieser Arbeit dar, da es sich in gewisser Weise auch um die Rechtfertigung handelt, warum ich mich dieser Thematik widme. Gebe es keinen Zusammenhang zwischen Unternehmenskultur und letzten Endes dem Unternehmenserfolg, dann wäre eine kritische Auseinandersetzung für mich jedenfalls hinfällig.

In Kapitel 3 folgt die Definition von Merger & Acquisition; es werden die betriebswirtschaftlichen Ziele genauso wie dessen Ausprägungen analysiert. In weiterer Folge werden die drei Phasen einer M&A Transaktion detailliert beschrieben wobei der Fokus auf der Analyse und Bewertung der unternehmenskulturellen Situation im übernehmenden Unternehmen liegt.

Kapitel 4 befasst sich eingehend mit den Einflussfaktoren, welche den Integrationsprozess betreffen. Neben strategischen Entscheidungen, welche zu unterschiedlichen Integrationsgraden führen, werden vor allem die kulturellen Einflussgrößen erläutert, die letztendlich die Kultur einer Organisation prägen. Es wird aufgezeigt, wie diese entstehen und wie man in weiterer Folge damit umgeht. Das Kapitel endet mit einer Darstellung, wie man mit den verschiedenen kulturellen

Einflussgrößen innerhalb der einzelnen Phasen einer M&A Transaktion optimal umgeht.

Das Kapitel 5 bezieht sich weitestgehend auf die dritte Phase einer M&A Transaktion, die Post-Merger Phase. Hierbei werden die wesentlichen theoretischen Modelle der Kulturintegration erläutert. Zusätzlich erfolgt eine kritische Würdigung der vier beschriebenen Modelle.

Im Kapitel 6 werden Handlungsempfehlung ausgearbeitet, die dieser Arbeit einen praktischen Mehrwert geben sollen. Basierend auf verschiedensten theoretischen Ansichten erfolgt eine stufenweise Aufbereitung der notwendigen Schritte zur optimalen kulturellen Integration. Zusätzlich werden diese Punkte durch mein über mehrere Jahre erlangtes praktisches Wissen ergänzt, sodass schlussendlich ein praxisrelevanter Integrationsleitfaden entsteht.

In Kapitel 7 wird die Arbeit kurz zusammengefasst; des Weiteren werden ein paar persönliche Stellungnahmen zu dem gewählten Thema gegeben.

1.4 Arbeitsmethode

Die Grundlage dieser Arbeit bilden:

- Existierende Fachliteratur
- Aktuelle Internetquellen
- Persönliche Erfahrungen

Somit sollen die zum Zwecke der Arbeit aufgestellten Annahmen im Rahmen einer Literaturrecherche theoretisch ausgearbeitet werden und um persönlich gewonnene Erfahrungen erweitert werden.

Als wissenschaftstheoretische Grundlage diese Arbeit wurde die „Grounded Theory“ gewählt. Insbesondere die Berücksichtigung unterschiedlichster Datenquellen, die in der „Grounded Theory“ als Teil der Forschungspraxis angesehen wird, hat sich als wertvoll für den Verlauf der Arbeit herausgestellt. Das immer wiederkehrende

Zusammenspiel von Datenerhebung und anschließender Analyse unter Einbeziehung entsprechender Fachliteratur aber auch vorhandener Erfahrung ist ebenfalls Teil der Arbeitsmethode der „Grounded Theory". Es kommt somit im Gegensatz zu anderen qualitativen Verfahren, welche Daten im Grunde nach beschreiben auch zu einer detaillierten Interpretation dieser.

2 Einführung Begriff Unternehmenskultur

Um die Unternehmenskultur als Erfolgsfaktor wahrnehmen zu können, muss in einem ersten Schritt eine begriffliche Definition erfolgen. Ohne eine genauere Betrachtung und Spezifizierung dieser Terminologie kann diese Arbeit nicht durchgeführt werden.

Es liegt auf der Hand, dass die Unternehmenskultur mit dem Problem der Messbarkeit konfrontiert ist; in diesem Kapitel werde ich neben der begrifflichen Analyse trotzdem auch auf Möglichkeiten der Messung bzw. der Erhebung eingehen. Im Zuge meiner Recherche habe ich mich auch mit möglichen Kennzahlen beschäftigt, welche die „Betriebswirtschaft“ zur Verfügung stellt. Ich musste für mich jedoch feststellen, dass die reine betriebswirtschaftliche Betrachtung mittels Kennzahlen zu kurz greift. Alle angebotenen Möglichkeiten waren für mich unzureichend, da letztendlich die Kennzahlen immer Ereignisse in ein Verhältnis zu einer betriebswirtschaftlichen Zahl gesetzt haben (z.B. Anzahl Krankenstandstage pro Mitarbeiter zu Umsatz pro Mitarbeiter) was für mich ein Indiz für suboptimale Rahmenbedingungen innerhalb des Unternehmens sein könnte, was in weiterer Folge eine langfristige Änderung der Unternehmenskultur herbeiführen kann. Im Falle der rein betriebswirtschaftlichen Betrachtung lassen diese Aussagen für mich persönlich einen viel zu großen Interpretationsspielraum weshalb ich diesen Aspekt nicht näher erläutern werde.

Im folgenden Kapitel wird aufgezeigt, dass Unternehmenskultur existiert, bewertet werden kann und von der Wissenschaft und der Industrie als Erfolgsfaktor wahrgenommen werden muss und auch wird.

2.1 Begriffsdefinition

Einleitend kann gesagt werden, dass Unternehmenskultur *„die von einer Gruppe gemeinsam gehaltenen grundlegenden Überzeugungen, die für die Gruppe insgesamt typisch sind bezeichnet. Sie beeinflusst Wahrnehmung, Denken, Handeln* *und Fühlen der Gruppenmitglieder und kann sich auch in deren Handlungen und Artefakten manifestieren".*[3]

Seitdem die Organisationsforschung in den 80iger Jahren begonnen hat, den Begriff Unternehmenskultur zu definieren und als Wettbewerbsvorteil für Unternehmen zu entdecken, haben sich zahlreiche Ansätze und Definitionen etabliert.[4] Ich möchte in einem ersten Schritt einmal auf das ältere der beiden Wörter eingehen, aus denen sich der Begriff Unternehmenskultur zusammensetzt eingehen; die Kultur. Es existiert eine Vielzahl von Begriffsdefinitionen, sodass es eine einzige verbindliche und richtige Definition nicht gibt. Eine Hauptursache hierfür liegt voraussichtlich in dem breiten Bedeutungskontext, der dem Begriff Kultur beigemessen wird.[5] Im deutschsprachigen Raum kann der Kulturbegriff in vier Gruppen eingeteilt werden:[6]

- (Be)wohnen, ansässig sein
- Pflegen, schmücken, ausbilden, wahren, veredeln
- Bebauen und Ackerbau betreiben
- Verehren, anbeten, feiern

Aus diesem ethnologischen Begriff und seinen vielschichtigen Bedeutungen leitet die Organisationsforschung nun die Anwendbarkeit auf das Unternehmensgefüge ab. Für mich persönlich ergibt sich daraus die Schlussfolgerung, dass Unternehmen in ihrer Art und Weise wie Völkerstämme gesehen werden können, in denen sich unterschiedlichste Kulturformen entwickelt haben. Somit herrscht in jedem Unternehmen eine eigenständige Kultur und Kulturgemeinschaft an derer sich das Handeln der Beteiligten orientiert.

Ebenso wie bei der Definition Kultur existieren auch für den Begriff Unternehmenskultur zahlreiche Beschreibungen, Theorien und Modelle welche z.B. von Edgar H. Schein, Geert Hofstede, Alfons Trompenaars, Paul Bate, Homma Norbert, Bauschke Rafael oder Georg Schreyögg entwickelt wurden. Dem Grunde nach umfassen alle Definitionen nachfolgende fünf Eigenschaften, die auch als Kernmerkmale des Unternehmenskonzeptes bezeichnet werden können. Demnach

---

[3] Sackmann, Unternehmenskultur (2002), 25
[4] Alvesson/Berg, Corporate Culture and Organizational Symbolism (1992), 21f
[5] Bolten, Einführung in die interkulturelle Wirtschaftskommunikation (2007), 39f

wird Unternehmenskultur defakto unreflektiert gelebt und von den Mitgliedern des Unternehmens/der Organisation als selbstverständlich angenommen (implizit). Weiters gibt sie dem Arbeitsalltag eine gewisse Sinnhaftigkeit und schafft Orientierung (konzeptionell); sie beeinflusst nicht nur Kognitionen sondern auch die emotionale Ebene (emotional), sie entwickelt sich dynamisch mit der Zeit (historisch) und schlussendlich entsteht sie in einem sogenannten Sozialisationsprozess (interaktiv).[7]

2.2 Ebenen der Unternehmenskultur

Edgar H. Schein, ein ehemaliger Professor für Organisationspsychologie und Management am Massachusetts Institute of Technology in Cambridge, wird als ein Mitbegründer der Organisationspsychologie und der Organisationsentwicklung angesehen. Obwohl während der letzten 20 Jahre viel Forschung zum Thema Organisationskultur betrieben wurde, stützt sich die aktuelle Beschäftigung mit organisationkulturellen Phänomenen auch heute noch Großteils auf die Basisforschungen von Schein aus dem Jahre 1985.[8]

In seinem Kulturebenen Modell („Drei-Ebenen-Modell") leitet Schein das Entstehen einer Organisationskultur als Zusammenspiel von drei verschiedenen Kulturschichten ab. Er geht dabei davon aus, dass die Elemente einer Kultur abhängig von ihrer Sichtbarkeit in drei Ebenen gegliedert werden können: Artefakte, Werte & Normen und schließlich Grundannahmen.[9]

---

[6] Bolten, Einführung in die interkulturelle Wirtschaftskommunikation (2007), 39
[7] Schreyögg, Organisation: Grundlagen moderner Organisationsgestaltung (2003), 448ff
[8] Beitrag auf www.org-portal.org, Drei Ebenen Modell von Schein, link: http://www.org-portal.org/index.php portal.org/index.php?id=12&tx_ttnews%5Bpointer%5D=1&tx_ttnews%5Btt_news%5D=49&tx_ttnews%5BbackPid%5D=48&cHash=b361fb074355b650af5986763355db0e, 3.7.2012
[9] Schein, Organizational culture and leadership, 24

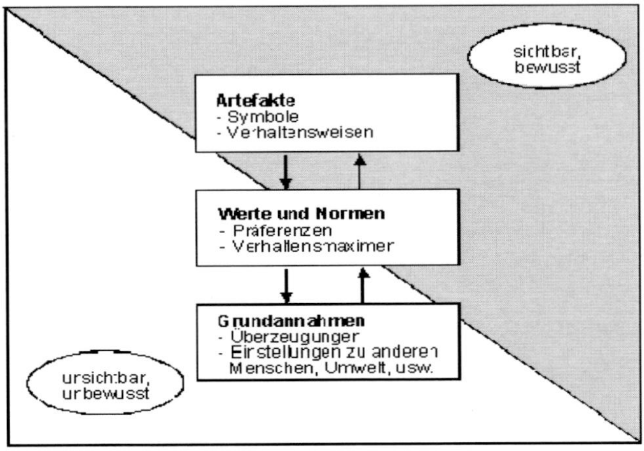

Abbildung 1: Die drei Ebenen der Unternehmenskultur[10]

Artefakte befinden sich auf der obersten Ebene des Modells und bezeichnen jene Strukturen und Prozesse, die unmittelbar sicht- und hörbar – sprich beobachtbar - sind. Es handelt sich hierbei um Phänomene, die jeder Person auffallen, die in eine ihr unbekannte Organisation kommt. Als Beispiele für Artefakte führt Schein neben materiellen Dingen wie die Architektur der Umgebung, Einrichtungsgegenstände, Kleidung und die Technologie auch immaterielle Dinge wie die Sprache/Ausdruck, Umgangsformen, firmeninterne Rituale und Zeremonien an. Gleichzeitig gesteht er aber ein, dass diese Artefakte trotz ihrer scheinbar einfachen Beobachtbarkeit schwierig zu entschlüsseln sind. Für eine korrekte Interpretation bedarf es auch der Kenntnis der nachfolgenden Kulturebenen. Die zweite Ebene befindet sich bereits unterhalb der Sichtbarkeitsgrenze obwohl sie teilweise noch sichtbare Komponenten beinhaltet und bezeichnet die Normen und Werte, die innerhalb einer Organisation die Wertvorstellungen und Verhaltensstandards prägen. Eine Reflexion dieser Werte erfolgt in der Unternehmensstrategie, in Unternehmenszielen und schlussendlich in der Unternehmensphilosophie. Wie man sich sicher vorstellen kann, handelt es sich hierbei schon um eine schwer fassbare Komponente der Unternehmenskultur. Die dritte und letzte Ebene der Unternehmenskultur bezeichnet Schein als Grundannahmen. Diese auch als grundlegende Orientierungs- und Vorstellungsmuster agierende Ebene stellt die Basis für die beiden anderen Ebenen dar. Diese Grundannahmen beziehen sich auf langfristig konstante Aspekte wie zwischenmenschliche Beziehungen, Wahrheit, Umwelt und Zeit und spiegeln sich in unterbewussten Handlungen wider. Diese Bestandteile sind tief im Unterbewusstsein verankert und für die Mitarbeiter nicht sichtbar. Sie haben sich im Laufe der Zeit unbewusst entwickelt und werden von den Organisationsmitgliedern ohne zu hinterfragen akzeptiert.[11]

2.3 Funktionen der Unternehmenskultur

Die Unternehmenskultur kann als System von Wertvorstellungen, Verhaltensnormen, Denk- und Verhaltensweisen verstanden werden, welche von Menschen innerhalb einer Organisation erlernt und akzeptiert wurden. Gleichzeitig agiert die Unternehmenskultur als Basis für die Unternehmenspolitik. Allerdings ist die Unternehmenskultur keineswegs vorgegeben, sondern wächst durch Erfahrungen, welche die Mitglieder einer Organisation in der Vergangenheit bei erfolgreichen oder auch misslungenen Problemlösungen gesammelt haben. Die Summe dieser Erfahrungen prägt die Unternehmenskultur maßgeblich.[12]

Unternehmenskulturen können nur dann verstanden und begriffen werden wenn klar ist, welche Funktionen sich aus der Unternehmenskultur ableiten lassen. In der gängigen Literatur werden die Funktionen der Unternehmenskultur in originäre und derivative Funktionen unterteilt.[13]

Da dieser Abschnitt für mich ein ganz wesentlicher Teil dieser Arbeit ist, möchte ich noch detaillierter auf die Funktionen der Unternehmenskultur eingehen. Erst wenn man die Funktionsweise der Unternehmenskultur verstanden hat, kann man in einem weiteren Schritt eine optimale Zusammenführung von zwei Organisationen mit komplett unterschiedlicher Historie und Unternehmenskultur diskutieren.

2.3.1 Originäre Funktionen

Die originären Funktionen beeinflussen die Koordination, die Integration und die Motivation.[14] Diese Funktionen setzen bestimmte Effekte frei; die Ursache für diese

---

[10] Beitrag auf www.grundlagen-der-unternehmensfuehrung.de, Elemente des Modells der Unternehmenskultur nach Schein, link: http://www.grundlagen-der-unternehmensfuehrung.de/Antworten/An2-3.htm, 3.7.2012
[11] Schein, Organizational culture and leadership, 23ff
[12] Witte, Lebensphasen des Unternehmens und betriebliche Funktionen, 47
[13] Heinen/Fank, Unternehmenskultur – Perspektiven für Wissenschaft und Praxis, 146f
[14] Heinen/Fank, Unternehmenskultur – Perspektiven für Wissenschaft und Praxis, 146ff

Effekte begründet sich unmittelbar in der Organisationskultur. Ein besonderes Augenmerk ist hierbei auf die Koordinations- und die Integrationsfunktion – beide sind originäre Funktionen der Unternehmenskultur – zu legen, da sich diese je nach Ausprägung des Umfeldes ergänzen oder teilweise auch miteinander konkurrieren können.[15]

2.3.1.1 Koordinationsfunktion

Die Koordination dient der gegenseitigen Abstimmung von miteinander in einer Arbeitsbeziehung stehenden Personen. Gegenseitige Verständigung und gemeinsames Verständnis werden durch ein gemeinsames Zeichensystem erzeugt.[16]

In Zeiten immer stärkerer Vernetzung innerhalb eines Unternehmens bei z.B. verschiedensten Arbeitsabläufen, werden die Anforderungen an diese Koordinationsfunktion innerhalb eines Unternehmens immer größer.[17] Dieser steigende Koordinationsbedarf ergibt sich unter anderem auch daraus, dass in stark hierarchisch strukturierten Unternehmen eine Zusammenarbeit unterschiedlichster Bereiche nicht mehr von vornherein gegeben ist. Abteilungsübergreifende Aktivitäten führen dazu, dass das Kollektiv nur mehr unter erschwerten Bedingungen einen Überblick über die Gesamtaktivitäten des Unternehmens erlangen kann.[18] Die Koordinationsfunktion gewinnt dahingehend immer mehr an Bedeutung, da nur informierte Mitarbeiter auch motivierte Mitarbeiter sind und letztendlich zur Erreichung der Ziele beitragen. Zwar kann die Koordination innerhalb einer Organisation durch die Einführung einer Prozessorganisation verbessert werden; im Normalfall reichen aber „einfache" Prozessoptimierungen nicht aus um den Koordinationsbedarf einer Organisation zu verbessern. Es werden somit zusätzliche Maßnahmen benötigt, um das Mitwirken der einzelnen Mitarbeiter am Gesamten zu optimieren und zu verbessern. Es hat sich herausgestellt, dass die Unternehmenskultur auf Basis gemeinsamer Werte und Normen einen zusätzlichen Orientierungsrahmen für die Mitglieder der Organisation geben. Ein in der Organisation vorhandenes Grundverständnis über organisatorische Grundfragen führt einerseits zu einer Entlastung der Mitarbeiter aller Hierarchiestufen und

---

[15] Heinen/Fank, Unternehmenskultur – Perspektiven für Wissenschaft und Praxis, 224
[16] Lattmann, Die Unternehmenskultur: Ihre Grundlagen und ihre Bedeutung für die Führung von Unternehmen, 157
[17] Zell/Matthis, Unternehmenskultur-Check: Stärken erkennen – Schwächen analysieren – Werte prägen, 13
[18] Dill, Unternehmenskultur – Grundlagen und Anknüpfungspunkte für ein Kulturmanagement, 140f

ermöglicht andererseits eine kooperative Form der Zusammenarbeit in Konfliktsituationen.[19]

2.3.1.2 Integrationsfunktion

Unter Integration versteht man eine Form der Verknüpfung von Elementen zum Ganzen eines Systems.[20] Wie bereits erwähnt sind die Koordinations- und die Integrationsfunktion eng miteinander verbunden und stehen gleichzeitig wiederum auch in Konkurrenz zueinander, da beide Funktionen unterschiedliche Harmonisierungsarten darstellen.[21]

Je höher der Autonomiegrad innerhalb eines Unternehmens, desto größer die Gefahr der Subkulturenbildung. Das Risiko darin besteht, dass die Einzelinteressen im Gegensatz zu den Gesamtinteressen der Organisation stehen. Nur durch eine starke Unternehmenskultur kann man einer Subkulturenbildung entgegenwirken. Diese starke Unternehmenskultur verbindet die einzelnen Akteure und erhöht letztendlich das Zusammengehörigkeitsgefühl. Zusätzlich erzeugt eine starke Unternehmenskultur eine hohe Immunität gegen interne aber auch externe Störfaktoren.[22]

2.3.1.3 Motivationsfunktion

Die Motivationsfunktion setzt direkt bei dem einzelnen Organisationsmitglied an und hat letztendlich die Erhöhung der Arbeitsleistung zum Ziel. Die existenten Normen und Werte, die sich wiederum in der Unternehmenskultur widerspiegeln, sollen eine gewisse Arbeitszufriedenheit schaffen, die dann über eine gesteigerte Motivation direkt auf die Arbeitsleistung zielt.[23]

Es gibt Annahmen, dass die Motivation in direktem Zusammenhang mit einem sogenannten „Wir Bewusstsein“ steht. Dieses „Wir Bewusstsein“ wiederum lässt – bedingt durch geteilte Normen und Werte die zu einer Identifikation mit den Unternehmenszielen führen - Einzelinteressen in den Hintergrund treten.[24]

---

[19] Dill, Unternehmenskultur – Grundlagen und Anknüpfungspunkte für ein Kulturmanagement, 146f
[20] Hase, Integration akquirierter Unternehmen, 16
[21] Heinen/Fank, Unternehmenskultur – Perspektiven für Wissenschaft und Praxis, 224
[22] Heinen/Fank, Unternehmenskultur – Perspektiven für Wissenschaft und Praxis, 152
[23] Sackmann, Unternehmenskultur, 80f
[24] Dill, Unternehmenskultur – Grundlagen und Anknüpfungspunkte für ein Kulturmanagement, 140f

2.3.2 Derivative Funktionen

Die derivativen Funktionen sind die Sicherung der Produktivität, der Effektivität und der Effizienz. Sie sind dadurch gekennzeichnet, dass sie sich im Gegensatz zu den originären Funktionen direkt aus den in einer Organisation vorhandenen Normen und Werten ableiten lassen.[25]

Allerdings stehen diese derivativen Funktionen in einer Art Abhängigkeit zu den originären Funktionen der Unternehmenskultur da sie auf den originären Wirkungspotentialen einer starken Unternehmenskultur beruhen. Das bedeutet, dass sich aus den drei originären Funktionen sowohl effizienz- als auch effektivitätsteigernde Wirkungen ableiten lassen, die als derivative Funktionen der Unternehmenskultur bezeichnet werden können.[26]

2.4 Länderspezifische Kulturdimensionen

Unternehmenskulturen wiederum sind in einen Komplex von sie umgebenden Kulturen eingebettet und werden direkt von ihnen beeinflusst. In der Literatur werden diese umgebenden Kulturen auch Umkulturen genannt und beinhalten die Branchenkultur, die Privat- und die Gesellschaftskultur.[27]

Bis heute haben sich viele Wissenschaftler mit der Thematik der Kulturunterschiede beschäftigt und mittels empirischer Studien kulturelle Gemeinsamkeiten und Unterschiede zwischen verschiedenen Ländern analysiert und beschrieben.

Jedoch möchte ich in meiner Arbeit die Ergebnisse eines ganz bestimmten Forschers darstellen, weil die Dimension seiner empirischen Arbeit mehr als erstaunlich ist. Geert Hofstede, ein niederländischer Wissenschaftler im Bereich der Sozialpsychologie, hat sich vorwiegend mit der Thematik der interkulturellen Kommunikation beschäftigt und dabei ein besonderes Augenmerk seiner Forschung auf die Charakterisierung der Landeskulturdimensionen gelegt.

---

[25] Rohloff, Die Unternehmenskultur im Rahmen von Unternehmenszusammenschlüssen 141ff
[26] Dill, Unternehmenskultur – Grundlagen und Anknüpfungspunkte für ein Kulturmanagement, 163f
[27] Krystek, Unternehmenskultur und Akquisition, 539f,

Das Kulturbewusstsein und –interesse einer ganzen Gesellschaft wird durch die jeweilige Landeskultur maßgeblich beeinflusst und bestimmt. Diese Landeskultur charakterisiert Hofstede anhand von fünf Landeskulturdimensionen. Dabei trifft er die Annahme, dass sowohl moderne als auch traditionelle Gesellschaften mit nahezu gleichartigen Problemen konfrontiert sind.[28] Seine Forschungsergebnisse über diese Gemeinsamkeiten und Unterschiede zwischen einzelnen Nationen basieren dabei auf einer in den Jahren 1967 und 1973 durchgeführten Untersuchung, wobei er 116.000 Fragebögen (mit jeweils 100 Fragen) in 42 verschiedenen Ländern von IBM Mitarbeitern aller Bereiche und Hierarchien ausfüllen lies und diese später analysierte.[29]

Wie bereits erwähnt, kommt Hofstede letztendlich auf fünf Landeskulturdimensionen, mit denen sich seiner Meinung nach alle Landeskulturen charakterisieren lassen.

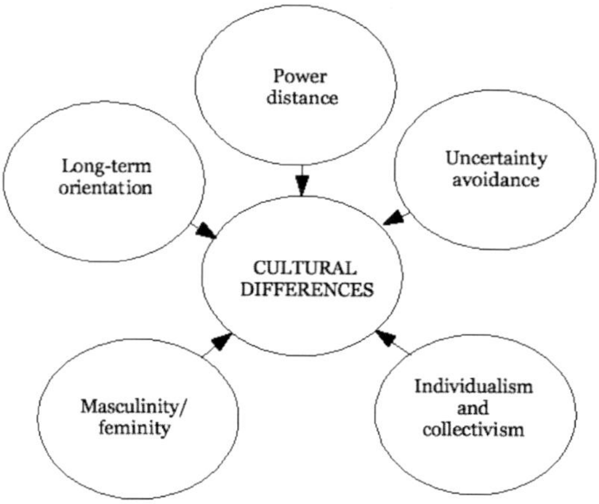

Abbildung 2: Hofstede's Five dimensions of national culture[30]

Im Überblick sind dies:[31]

- Hohe versus geringe Machtdistanz (Power distance/PDI) – wie wird innerhalb einer Kultur mit ungleich verteilter Macht umgegangen?

[28] Hofstede, Culture's Consequences, 29
[29] Beitrag auf www.univie.ac.at, Geert Hofstede: fünf Kulturdimensionen, link http://www.univie.ac.at/ksa/elearning/cp/organthro/organthro-75.html, 5.7.2012
[30] Beitrag auf http://cnx.org, doing business across cultures, link: http://cnx.org/content/m35593/latest/?collection=col11227/latest, 5.7.2012
[31] Hofstede, Culture's Consequences, 29

- Unsicherheitsvermeidung (Uncertainty avoidance/UAI) – wie gehen Menschen mit Unsicherheiten um?
- Individualismus (Individualism and collectivism/IDV) – sehen sich Menschen als Teil einer Gruppe oder als Individuen bzw. was wird in einer Kultur bevorzugt?
- Maskulinität versus Femininität (Masculinity/feminity/MAS) – Wie ist die Kultur überwiegend geprägt und wie sind die emotionalen rollen in der Gesellschaft verteilt?
- Langzeit- versus Kurzzeitorientierung (Long-term orientation/LTO) – Ist eine Gesellschaft langfristig oder eher kurzfristig orientiert?

Obwohl Hofstedes Forschungen als Meilenstein in der Kulturforschung angesehen werden kann/muss, soll nicht unerwähnt bleiben, dass seine Analysen und Ergebnisse von der Fachwelt nicht unkritisch übernommen wurden. Mitunter hat aber auch ein hoher Bekanntheitsgrad seinerseits dazu beigetragen, dass Kritiker insbesondere seine Modelle und Analysen anzweifeln.

Zusammengefasst werden nachfolgend die kritischsten Argumente angeführt:[32]

- Können Ergebnisse, deren Basis Befragungen von Mitarbeitern eines Unternehmens mit einer eigenständigen Unternehmenskultur (IBM) wirklich generelle Ableitungen für ganze Kulturen zulassen

- Die durchwegs westlich geprägten Fragen können in anderen Kulturkreisen keine oder eben auch eine komplett andere Bedeutung haben

- Die Untersuchung setzt auf der Ebene des Verhaltens an, obwohl Hofstede die Ebene der Werte analysiert. Das Ergebnis der Analysen beruht durchwegs auf der subjektiven Interpretation von Hofstede und damit ist die Zulässigkeit zu hinterfragen.

[32] Stüdlein, Management von Kulturunterschieden, 194f; Kutschker/Schmid, Internationales Management, 715ff

2.5 Messbarkeit der Unternehmenskultur

Für viele Personen hat der Begriff Unternehmenskultur eher einen philosophischen Charakter. Er wird durchwegs zur Gruppe der „soft facts" gezählt und kann nicht mit harten betriebswirtschaftlichen Kennzahlen gemessen werden. Eine direkte Messbarkeit mittels eines Kennzahlensystems konnte ich auch im Literaturstudium nicht finden; es ist jedoch unumstritten, dass die Organisationskultur mit all ihren Ausprägungen sehr wohl zu einer Steigerung des Unternehmenserfolges beiträgt (vgl. 2.6).

Die Bewertung der Unternehmenskultur kann z.B. mittels eines Fragebogens durchgeführt werden. Dabei sollen Fragen zum Charakter des Unternehmens, zur Art der Unternehmensführung, zur Mitarbeiterführung, zum Zusammenhalt innerhalb des Unternehmens sowie zu den strategischen Schwerpunkten und allgemeine Erfolgskriterien gestellt werden. Der Fragebogen soll von der gesamten Belegschaft einer Organisation ausgefüllt werden; vom Top Management bis defakto zum Portier da jeder die gelebte Unternehmenskultur anders wahrnimmt. Logischerweise werden dabei unterschiedlichste Wahrnehmungen zutage treten. Der Fokus soll aber nicht nur auf der Aufdeckung von sogenannten „konkurrierenden Werten" liegen, sondern soll vor allem eine Aussage darüber treffen, ob die Unternehmenskultur in der vorliegenden Form akzeptiert wird. Um dies zu erreichen, müssen zwei identische Fragebögen ausgefüllt werden; einer zur Erhebung des Ist-Zustandes und ein zweiter, der den Soll oder Wunsch-Zustand beschreibt. Nachfolgend nun ein Beispiel, welches die Art und Weise der Befragung verdeutlichen soll:[33]

Erfolg wird hauptsächlich definiert über…

a. ... Personalentwicklung. Förderung von Mitarbeitern, gute Zusammenarbeit und Mitwirkung der Mitarbeiter sowie Menschlichkeit sind Erfolgskriterien.

b. ... Entwicklung neuartiger und einzigartiger Produkte. Das Unternehmen will mit seinen Produkten/Dienstleistungen in Führung gehen.

---

[33] Beitrag auf http:// www.hswt.de, Untersuchung von Humanressourcen und Unternehmenskultur nach dem Konzept der "Konkurrierenden Werte", link: http://www.hswt.de/fgw/infodienst/2010/oktober/unternehmensfuehrung.html, 13.7.2012

c. ... Marktführerschaft. Das Unternehmen will das beste Ergebnis am Markt erzielen und Wettbewerber übertreffen.

d. ... Effizienz. Zuverlässige Ausführung, strukturierte Planung, reibungslose Abläufe sowie niedrige Arbeitskosten sind entscheidend.

Auf Basis einer durchgeführten Befragung lassen sich die Antworten in nachfolgender Form aufbereiten und analysieren:[34]

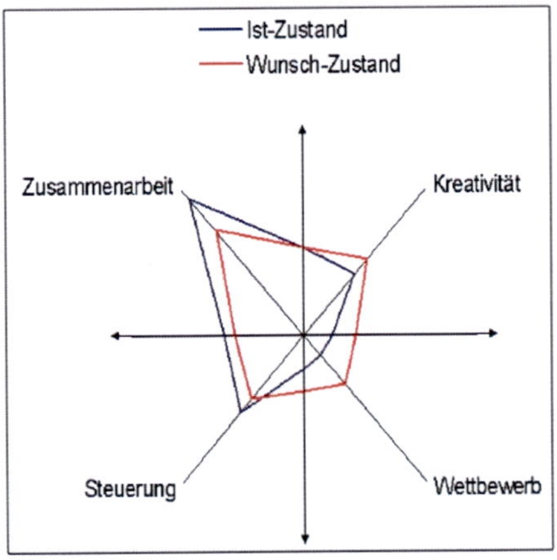

Abbildung 3: Aufbereitungsmöglichkeit unternehmensinterne Befragung

Dieses Ergebnis kann dahingehend interpretiert werden, dass ein Großteil der befragten Personen die Zusammenarbeit untereinander als wesentlichsten Erfolgsfaktor sehen. Zeitgleich zeigt es aber auch auf, dass in Summe die befragten Personen eine größere Ausgeglichenheit der vier Faktoren als Wunsch-Zustand angeben. Weiters kommt der Wunsch von weniger Steuerung hin zu Kreativität und Wettbewerb hervor. Obwohl diese Art der Befragung universell in nahezu jedem Unternehmen eingesetzt werden kann, muss jedoch eine individuelle Interpretation der Ergebnisse erfolgen.

[34] ebenda

2.6 Zusammenhang zwischen Unternehmenskultur und Unternehmenserfolg

Fühlt man sich als Mitarbeiter wohl an seinem Arbeitsplatz, dann steigt dadurch automatisch die Motivation und damit wiederum die Leistungsbereitschaft. Zu diesem Zwecke kürt das „Great Place to Work Institute" jährlich die weltweit besten Arbeitsplätze anhand von definierten Parametern. Die übergeordneten Parameter sind

- Glaubwürdigkeit,
- Respekt,
- Fairness,
- Stolz,
- Teamorientierung

anhand derer Mitarbeiterbefragungen in den unterschiedlichsten Unternehmen durchgeführt wurden.[35]

Neben der Tatsache, dass ausgezeichnete Arbeitsplätze jene sind, an denen die Mitarbeiter *den Menschen vertrauen, für die sie arbeiten, stolz sind auf das, was sie tun, und Freude an der Zusammenarbeit mit anderen haben* wird die Qualität eines ausgezeichneten Arbeitsplatzes bei der „Great Place to Work" Beurteilung durch drei miteinander verbundene Beziehungen beschrieben:

- der Beziehung zwischen Mitarbeiten und Management,
- der Beziehung zwischen Mitarbeitern und ihrer Arbeitstätigkeit sowie dem Unternehmen bzw. der Organisation,
- der Beziehung zwischen Mitarbeitern untereinander.[36]

Einer US Studie zufolge gibt es einen direkten Zusammenhang zwischen der verliehenen Auszeichnung „Great Place to Work" und dem Unternehmenserfolg. Die Erfolgskennzahlen waren hierbei Kennzahlen wie die Aktienkursentwicklung oder die Gesamtkapitalrentabilität. Als Ergebnis dieser groß angelegten Studie wurde ein

[35] Beitrag auf greatplacetowork.at, Unser Modell, link: http://www.greatplacetowork.at/great/modell.php, 2.7.2012

direkter Zusammenhang zwischen den am besten bewerteten Arbeitgebern und deren betriebswirtschaftlichen Performance nachgewiesen.[37]

Nachfolgend eine graphische Darstellung wie die Unternehmenskultur mit all ihren Facetten das Mitarbeiterengagement und schlussendlich den Unternehmenserfolg direkt beeinflusst.

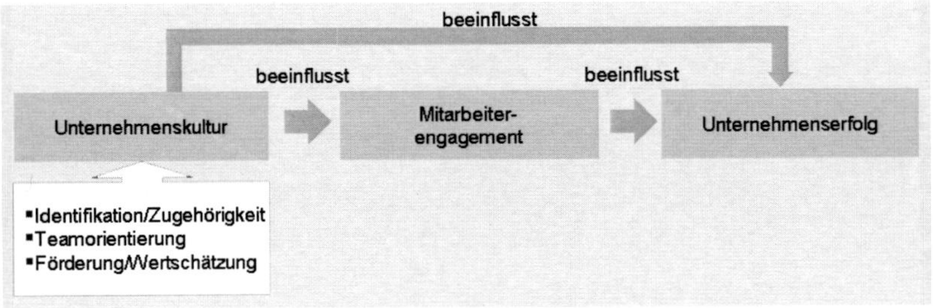

Abbildung 4: Zusammenhang zwischen Unternehmenskultur und Unternehmenserfolg[38]

Einer in Deutschland durchgeführten Studie zufolge wirkt sich eine mitarbeiterorientierte Unternehmenskultur direkt auf die Wettbewerbsfähigkeit der Unternehmen aus. Diese Schlussfolgerung gilt für Unternehmen aller Branchen und Größen. Gleichzeitig zeigt die Studie jedoch auch auf, dass die vorhandenen Potenziale weit besser genutzt werden können.[39]

---

[36] Beitrag auf greatplacetowork.at, Wie schafft man einen Great Place to Work?, link: http://www.greatplacetowork.at/great/index.php, 2.7.2012
[37] Fulmer/Gerhart/Scott, Personnel Psychology, 965ff
[38] Grosse-Hornke/Gurk, Erfolgsfaktoren Unternehmenskultur bei Mergers & Acquisitions (M&A), 101
[39] Hauser/Schubert/Aicher, Unternehmenskultur, Arbeitsqualität und Mitarbeiterengagement in den Unternehmen in Deutschland, 167f

3 Einführung Begriff Merger & Acquisition

Die Basis für die Zusammenführung zweier Organisationen ist immer eine Merger oder Acquisition Transaktion. Die betriebswirtschaftliche Literatur tendiert dazu, den Begriff auf die Möglichkeiten der Geschäftsfelderweiterung, Gewinnung von Absatzmärkten und letztendlich Ergebnissteigerung zu minimieren. Des Weiteren beziehen sich viele Autoren auf die „hard facts" einer Übernahme/Fusion die mittels Due Diligence erhoben werden müssen. Oftmals wurden letztendlich gescheiterte Übernahmen auf falsche betriebswirtschaftliche Erwartungen und Einschätzungen geschoben.

Ich werde im nachfolgenden Kapitel versuchen aufzuzeigen, dass eine unzureichende Behandlung zu großer kultureller Unterschiede zwischen verschiedenen Organisationen bei einer Übernahme/Fusion über Erfolg oder Misserfolg entscheiden kann. Dafür ist es notwendig, die einzelnen Phasen einer Merger & Acquisition Transaktion zu kennen sowie „wie", „wann" und „wo" die Erhebungen der unternehmenskulturellen Merkmale und Ausprägungen erfolgen können.

3.1 Begriffsdefinition

Die Begriffe Merger & Acquisition (M&A) stammen aus dem angloamerikanischen Raum und werden seit Beginn des vorigen Jahrhunderts verwendet. Im deutschsprachigen Raum hat sich die Bezeichnung M&A allerdings erst zu Beginn der 1980iger Jahre etabliert. Sowohl in der Wissenschaft als auch in der Praxis werden zahlreiche Synonyme für die Begriffe Merger & Acquisition verwendet; Zusammenschlüsse, Fusionen, Übernahmen, Allianzen, etc.[40]

Grundsätzlich gilt die Definition, dass eine M&A Transaktion einen Unternehmenserwerb durch Entgelt beschreibt. Einerseits werden in der Literatur beide Begriffe synonym verwendet; andererseits gibt es wiederum eine Trennung dieser.

Letztendlich gilt, dass ein Merger als Unternehmenszusammenschluss bezeichnet werden kann, aus dem ein neues Unternehmen hervorgeht, wohingegen bei einer Akquisition das übernommene Unternehmen, als Beteiligung in einem Konzernverbund erhalten bleibt.[41] Das bedeutet, dass die Abgrenzung vom Merger zur Akquisition anhand des Eingriffes in die rechtliche Selbstständigkeit des übernommenen Unternehmens

[40] Wirtz, Handbuch Mergers & Acquisitions Management, 10

vorgenommen werden kann.[42] Wirtz definiert den M&A Begriff dahingehend, dass dieser sowohl den Prozess des strategisch motivierten Kaufes bzw. den Zusammenschluss von Unternehmen oder –teilen und deren anschließende Integration oder Weiterveräußerung umfasst. Damit verbindet er eine Übertragung der Leitungs-, Kontroll- und auch der Verfügungsbefugnisse.[43]

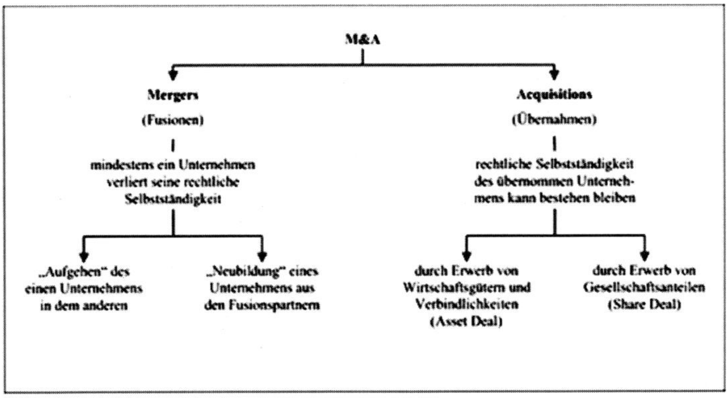

Abbildung 5: Abgrenzung der Begriffe „Merger" und „Acquisition"[44]

3.2 Ziele einer M&A Transaktion

Viele Unternehmen stehen auf globaler Ebene in einem direkten Wettbewerb zueinander und müssen sich den stetig wechselnden Bedingungen sehr schnell anpassen. Dies geschieht vor allem in der Ausrichtung der Unternehmensstrategie aber auch durch den Wandel innerhalb der Organisationsstrukturen. Neben der Konzentration auf die eigentliche Kernkompetenz setzten viele Unternehmen auf eine Expansionsstrategie durch anorganisches Wachstum; durch Mergers und Acquisitions.[45]

Grundsätzlich ist das Ziel eines Mergers (Fusion) der Zusammenschluss zweier Unternehmen zu einem Neuen oder einer Acquisition (Übernahme) die Eingliederung eines externen Unternehmens in ein bestehendes Unternehmen.[46]

---

[41] Wirtz, Handbuch Mergers & Acquisitions Management, 10
[42] Lucks/Meckl, Internationale Mergers & Acquisitions, 23f
[43] Wirtz, Mergers & Acquisition Management, 12
[44] Riedel, Identifikation und Bewertung von Synergien bei Mergers & Acquisitions, 7
[45] Wirtz, Handbuch Mergers & Acquisitions Management, 3
[46] Wöhe, Einführung in die Allgemeine Betriebswirtschaftslehre, 302

Es soll jedoch darauf hingewiesen werden, dass trotz steigender Bedeutung von Akquisitionen diverse Studien zu dem Ergebnis kommen, dass die positiven Effekte und die tatsächlichen Ergebnisse den vorausgegangenen Erwartungen nicht gerecht werden.[47] Neben zu hohen Erwartungen im Hinblick auf Wachstumspotenziale, Gewinnzuwachs und Kostensenkungen aufgrund diverser Synergieeffekte werden von 85 % der transaktionserfahrenen Unternehmen eine fehlende Integrationsstrategie oder ein unzureichendes Integrationsmanagement als Hauptursache für das Scheitern einer M&A Transaktion gemacht. Häufig werden während einer Due Diligence (vgl. 3.4.2.) die sozialen und kulturellen Aspekte einer M&A Transaktion völlig vernachlässigt.[48]

3.3 Ausprägungen

Obwohl es sich bei den Begriffen Merger & Acquisition um englischsprachige Bezeichnungen handelt, werden diese auch im deutschen Sprachgebrauch benutzt. In der deutschsprachigen Fachliteratur haben sich hierfür die Begriffe Fusion und Übernahme etabliert.[49]

Der Überbegriff Merger & Acquisition kann in nachfolgende Untergruppen unterteilt werden, wobei die detaillierte Aufarbeitung der einzelnen Gruppen aufgrund der Unwesentlichkeit für diese Arbeit unterbleibt. Laut Jansen können M&A Transaktionen in

- Neu- und Umgründungen,
- Kooperationen,
- Übernahmen und Fusionen,
- Restrukturierung und Sicherung und
- Verkäufe und Liquidation

unterteilt werden.[50]
Diese Arbeit verwendet die Begriffe Merger sowie Acquisition als Obergriffe für diverse Formen der Unternehmenszusammenschlüsse.

---

[47] Voss, M&A Rekordjahr 2006: Deutschland im weltweiten Trend, 49ff
[48] Beitrag auf ma-review.de, M&A oder Teamhunting?, link: http://www.ma-review.de/magazin-ma-review/standpunkt-aktuelle-ausgabe.html, 7.7.2012
[49] Balz/Arlinghaus, Praxisbuch Mergers & Acquisitions, 9

3.4 Phasen einer M&A Transaktion und deren Relevanz auf die unternehmenskulturelle Integration

Eine typische M&A Transaktion gliedert sich in mehrere Phasen, wobei diese keinem einheitlichen Ablauf unterliegen und oftmals verschwimmen. Dadurch können diese nicht immer klar voneinander getrennt werden. Jede dieser Phasen kann gesondert betrachtet werden; eine optimale Verknüpfung der dahinterliegenden Abläufe ist auf Grund der Wechselwirkung zwischen den Phasen für die erfolgreiche Abwicklung einer M&A Transaktion jedoch von größter Bedeutung.[51]

Betrachtet man nun die gängige Literatur, so kann man feststellen, dass sich verschiedenste Modelle zur Prozessgliederung vorfinden. Neben Modellen mit zwei Prozess-Phasen (Metz), finden sich solche mit drei (Dabui, Lucks/Meckl, Lugert), vier (Bachmann) und sogar fünf Phasen (Hagemann), die einen M&A Prozess definieren.[52] Da allerdings das dreiphasige Prozessmodell die weiteste Verbreitung gefunden hat, werde ich nachfolgend dieses Modell näher erläutern. Ich möchte aber noch hinzufügen, dass hinsichtlich der Benennung der drei Phasen ebenfalls Unterschiede vorherrschen.

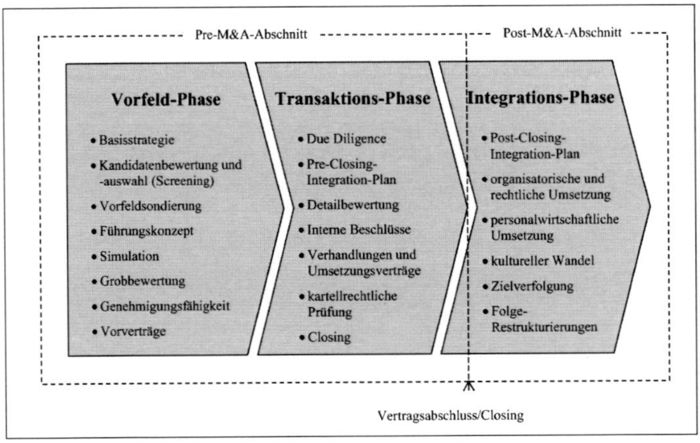

Abbildung 6: Phasen eines M&A Projektes[53]

[50] Jansen/Picot/Schiereck, Internationales Fusionsmanagement, 94
[51] Lucks/Meckl, Internationale Mergers & Acquisitions, 51ff
[52] Riedel, Identifikation und Bewertung von Synergien bei Mergers & Acquisitions, 11
[53] Riedel, Identifikation und Bewertung von Synergien bei Mergers & Acquisitions, 10

3.4.1 Vorfeld-Phase („Strategische Analyse- und Konzeptionsphase" oder „Pre- Merger Phase")

Die Vorfeld-Phase ist der erste Schritt im dreiteiligen Gesamtprozess einer M&A Transaktion. Zunächst gilt es, ein solides Fundament aufzubauen, das die Basis für eine erfolgreiche Transaktion bilden soll. Es gilt sein eigenes Unternehmen sowie seine Umwelt mit besonderem Fokus auf die Unternehmensziele und –potenziale zu prüfen.[54] Die Bestimmung dieser Ziele und Potenziale kann mit der Beantwortung der Fragen „ob", „wann" und „wie" durchgeführt werden. Die Frage nach dem „ob" beginnt mit der Identifizierung der Unternehmensziele und den Effekten, die durch einen Zusammenschluss erreicht werden sollen.[55]

Auf Basis der finanziellen Möglichkeiten, der Notwendigkeit das Stammgeschäft zu unterstützen sowie von der unternehmensspezifischen Strategie wird die Frage nach dem „wann" zu beantworten sein. Das „wie" zielt auf die unterschiedlichen Arten der Zusammenschlüsse ab. Komme ich den spezifischen Zielen mittels einer Akquisition näher oder kann die Optimierung des Geschäftsbetriebes nur durch eine Fusion erzielt werden. Auf Basis der Ergebnisse dieser Analysen können dann die nächsten Schritte ermittelt werden.[56] Zusätzlich zu der Unternehmensanalyse können bereits in dieser Phase zusätzliche Analysen wie z.B. eine SWOT Analyse, Diversifikations-, Erfolgsfaktoren- und Lebenszyklusanalysen, Kernkompetenzdefinitionen sowie Portfoliotests erfolgen.[57]

Neben den erwähnten Analysen empfiehlt es sich jedoch auch, die Unterschiede im Management- und Mitarbeiterverhalten bereits im Vorfeld zu analysieren. Das Wissen um diese Charakteristika im Vorfeld einer M&A Transaktion ist von entscheidendem Vorteil, um sich vor allem über Landesspezifika bewusst zu werden. Diesbezüglich kann auf die Ergebnisse der GLOBE Studien (Global Leadership and Organizational Behaviour Effectiveness Research Program) zurückgegriffen werden. Dabei handelt es sich um eine groß angelegte empirische Studie aus dem Bereich der Kulturforschung, welche im Jahr 1991 an der Wharton Universität Pennsylvenia von Professer Robert J. House initiiert wurde. Über 10 Jahre haben 170 Wissenschaftler in 62 Ländern die Zusammenhänge zwischen Nationalkulturen,

---

[54] Langenstein, Post Merger Integration Management, 15
[55] Picot/Bäzner, Handbuch Mergers & Acquisitions, 27
[56] Picot/Bäzner, Handbuch Mergers & Acquisitions, 27
[57] Jansen, Mergers & Acquisitions, 164f

Organisationkultur und Führung untersucht. Mittels Fragebögen wurden mehr als 17.300 Führungspersonen aus 951 Unternehmen befragt.[58]

Sinn und Zweck dieser Studie war/ist es, Unterschiede zwischen den verschiedenen Kulturen vergleich- und messbar zu machen. Letztendlich wurde mittels der GLOBE Studie versucht, eine gültige und verlässliche Theorie über die *„kulturbedingten Unterschiede von Führungsstilen und Organisationen“* zu entwickeln. Anhand der GLOBE Daten sollen sich defakto geografische Landkarten zeichnen lassen, welche gesellschaftskulturelle Nähe bzw. Distanz zwischen verschiedenen Ländern und Kulturregionen abbilden.[59]

Um die Ergebnisse der Studie vergleichbar zu machen und eine detaillierte Differenzierung der Organisationen zu erreichen, wurden unterschiedliche Dimensionen (Kultur und Führung) und Cluster Regionen entwickelt:[60]

- **Neun Kulturdimensionen**

Unsicherheitsvermeidung, Machtdistanz, Institutioneller Kollektivismus, Gruppen-/familienbasierter Kollektivismus, Gleichberechtigung, Bestimmtheit, Zukunftsorientierung, Leistungsorientierung, Humanorientierung

Zusätzlich wurden die Befragungen zu den neun Kulturdimensionen um die Ebenen „Ist Zustand/as is“ und „Soll Zustand/should be“ erweitert.

Nachfolgend nun ein von mir gewähltes Beispiel, wie die Länderauswertung für die Kulturdimension „Gleichberechtigung“ inklusive der Ebenen „as is“ und „should be“ auf Basis der GLOBE Auswertungen aussieht:

---

[58] House/Hanges/Javidan, Culture, Leadership and Organizations, 29
[59] House/Hanges/Javidan, Culture, Leadership and Organizations, 16
[60] Beitrag auf www.transkulturelles-portal.com, GLOBE Studie, link: http://www.transkulturelles-portal.com/index.php/5/54, 10.7.2012

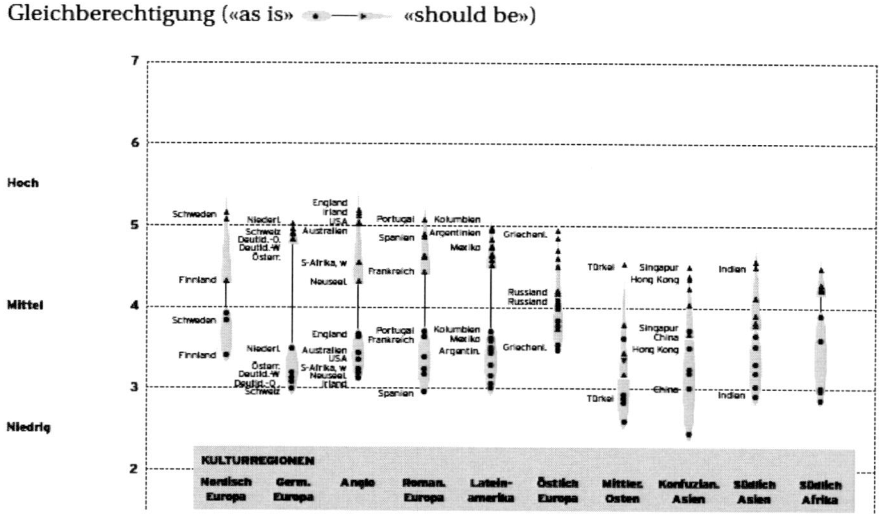

Abbildung 7: Ergebnis GLOBE Studie - Kulturdimension Gleichberechtigung[61]

- **Sechs Führungsdimensionen**

Charismatisch, Teamorientiert, Partizipativ, Humanorientiert, Autonomieorientiert, Defensiv

- **Zehn Cluster Regionen**

Anglo (weltweit) - Australien, Kanada, England, Irland, Neuseeland, Südafrika (weiße Bevölkerung), Vereinigte Staaten

Latein-Europa - Frankreich, Israel, Italien, Portugal, Spanien, Schweiz (Französisch sprechend)

Nordisch (Europa) - Dänemark, Finnland, Schweden

Germanisch (Europa) - Österreich, Deutschland (vormals DDR), Deutschland (vormals BRD), Niederlande, Schweiz (Deutsch sprechend)

Ost-Europa - Albanien, Georgien, Griechenland, Ungarn, Kasachstan, Polen, Russland, Slowenien

Latein-Amerika - Argentinien, Bolivien, Brasilien, Kolumbien, Costa-Rica, Equador, El Salvador, Guatemala, Mexiko, Venezuela

[61] Beitrag auf www.transkulturelles-portal.com, Navigationshilfe für internationales Change Management, link: http://www.transkulturelles-portal.com/images/Links/brodbeck_globe.pdf, 10.7.2012

Mittlerer Osten - Ägypten, Kuwait, Marokko, Katar, Türkei

Sub-Sahara-Afrika - Namibia, Nigeria, Südafrika (schwarze Bevölkerung), Sambia, Simbabwe

Süd-Asien - Indien, Indonesien, Iran, Malaysia, Philippinen, Thailand

Konfuzianisch-Asien - China, Hong Kong, Japan, Singapur, Süd-Korea, Taiwan

Natürlich gibt es auch bei dieser Art des Ländervergleiches Kritiker, welche die Methodik der Studie in Frage stellen. Ich persönlich denke aber, dass die GLOBE Studie ihren Beitrag zur Vorfeldanalyse beitragen kann um Unterschiede im Management- und Mitarbeiterverhalten im Vergleich zu seinem Heimmarkt aufzudecken und bewusst zu machen. In Kombination mit anderen Analysetools kann man sich somit bereits in der Vorfeld oder Pre-Merger Phase ein Bild über die kulturellen Eigenschaften der Zielregion machen.

3.4.2 Transaktions-Phase („Merger Phase")

In der Transaktions- oder auch Merger-Phase werden die Vorstellungen über die M&A Möglichkeiten konkretisiert. Um detailliertere Analysen über das ausgewählte Unternehmen durchführen zu können, müssen Vereinbarungen getroffen werden, die einen Zugriff auf interne Dokumente ermöglichen. Diese internen Informationen werden für die weiteren Analysen und Berechnungen benötigt.[62]

Diese Detailanalysen werden im Zuge einer Due Diligence ermittelt. *Die Due Diligence ist die umfassende, auf ein einzelnes, potentielles Akquisitionsobjekt bezogene Unternehmensanalyse zur Ermittlung aller, für die Akquisition entscheidungsrelevanten Informationen.*[63] Im Regelfall erfolgt die Due Diligence im Auftrag des Käufers und soll wesentliche Entscheidungsfaktoren aufzeigen und analysieren. In weiterer Folge wird das Ergebnis der verschiedenen Due Diligence-Verfahren herangezogen um festzustellen, unter welchen Bedingungen der M&A Prozess fortgesetzt werden soll.[64]

In der Theorie erstreckt sich die Due Diligence über folgende Formen:[65]

---

[62] Stafflage, Unternehmenskultur als erfolgsentscheidender Faktor, 97f
[63] Rockholtz, Marktwertorientiertes Akquisitionsmanagement, 70
[64] Ganzert/Kramer, Due Diligence Review, 576ff

- Strategic and Organizational Due Diligence
- Financial Due Diligence I: Vermögen, Ertrag und Cash flow
- Financial Due Diligence II: Liquidität und Finanzierung
- Tax Due Diligence
- Legal Due Diligence
- Marketing Due Diligence
- Cultural Due Diligence
- Human Resources Due Diligence
- Cultural Due Diligence
- Environmental Due Diligence
- Commercial and Technological Due Diligence
- IT Due Diligence
- Intellectual Property Due Dilligence

Grundsätzlich werden in der Praxis meistens nur drei Kernbereiche einer Due Diligence aufgezählt; die rechtliche (legal), die finanzielle (financial) sowie die steuerliche (tax) Due Diligence. Abhängig von dem individuellen Informationsbedarf des Käufers kann die Due Diligence um andere relevante Bereiche erweitert werden.[66] Die Ausgestaltung, Schwerpunktsetzung bzw. Gewichtung der einzelnen Reviews hängt zwar von dem/den Due Diligence Teams, den Zielen des Käufers sowie den verschiedenen Gegebenheiten ab; die einzelnen Prüfungen der Due Diligence dürfen jedoch nicht isoliert betrachtet werden. Diese würde dazu führen, dass wesentliche Risiken übersehen werden.[67]

Da es wie bereits erwähnt neben den drei Basisbestandteilen einer Due Diligence auch andere Ebenen gibt, sollen diese kurz erläutert werden. Da der Fokus dieser Arbeit auf der Kulturintegration liegt, möchte ich der Cultural Due Diligence einen eigenen Bereich widmen.

---

[65] Picot/Bäzner, Handbuch Mergers & Acquisitions, 247
[66] Scott, Due Diligence in der Praxis, 33f
[67] Canepa, Die Due Diligence im M&A Prozess, 12f

3.4.2.1 Technical, commercial und organisational Due Diligence

Die „Technical" Due Diligence soll den technischen Stand des Zielunternehmens erfassen und notwendige Investitionen nach der M&A Transaktion ermitteln.[68] Bei der „Commercial" Due Diligence geht es vorrangig darum, einerseits den Markt an sich und andererseits die Marktposition des Akquisitionsobjektes zu analysieren. Dabei gilt es Stärken und Schwächen im Vergleich zu anderen Branchenbewerbern zu ermitteln.[69] Bei der „Organisational" Due Diligence wird zunächst analysiert, ob die Organisation im Zielunternehmen auch der Art und der Größe angemessen ist. Des Weiteren werden auch dahinterliegende Ablaufprozesse erhoben und auf ihre Zweckmäßigkeit hin untersucht.[70]

3.4.2.2 Cultural Due Diligence

Ein wesentlicher Bestandteil einer Due Diligence sollte jedenfalls die Cultural Due Diligence sein; diese sollte im Vergleich zu den Basisbestandteilen eigentlich keine untergeordnete Rolle einnehmen. Das Ergebnis der Cultural Due Diligence kann ebenso zu einem sogenannten Deal Breaker werden wie die „hard facts". Trotzdem sind es vor allem junge, kleinere Beratungsunternehmen, die den Hauptfokus ihrer Beratungsleistungen auf die kulturellen Komponenten von M&A Transaktionen legen.[71]

Bei einer solchen Cultural Due Diligence werden unter anderem auch landes- und subkulturelle Aspekte miteinbezogen. Das Ziel dabei ist *„die Erforschung der kulturellen Kompatibilität"* der involvierten Unternehmen und die frühzeitige *„Identifikation von Konfliktpotenzialen"*, welche sich schon aus kulturellen Unterschieden ergeben.[72] Dabei wird ein Profil der Kultur des in Frage kommenden Unternehmens mittels Beobachtungen, teilnehmender Beobachtungen, Interviews und sonstiger Analysen erstellt.[73]

---

[68] Berens/Brauner/Strauch, Due Diligence bei Unternehmensakquisitionen, 165
[69] Berens/Brauner/Strauch, Due Diligence bei Unternehmensakquisitionen, 164
[70] Leffson, Wirtschaftsprüfung, 376
[71] Beitrag auf www.ottmar-schneck.de, Cultural Due Diligence oder warum die meisten Fusionen scheitern?, link http://www.ottmar-schneck.de/uploads/media/Cultural_Due_Diligence_oder_warum_die_meisten_Fusionen_scheitern.pdf, 10.7.2012
[72] Blöcher, Cultural Due Diligence, 236
[73] Drepper, Unternehmenskultur, 55f

Folgende Analysetools stehen zur Verfügung:[74]

- Dokumenten- und Inhaltsanalyse
  Inhaltsanalyse zu bestehenden Texten, Dokumenten, Zeitungsartikel, Reden der Geschäftsführung, interne Hauszeitung, Memos etc.

- Critical Event Analyse
  Analyse mehrerer kritischer Ereignisse und das damit verbundene Verhalten des Unternehmens innerhalb der letzten 5-10 Jahre

- Beobachtungen
  Architektur, Bürodesigne, etc. müssen unter kulturellen Gesichtspunkten interpretiert werden

- Einzelinterviews
  Als formalisiertes Instrument der empirischen Sozialforschung wird es dafür eingesetzt, um typische Erfahrungen oder Geschichten im Unternehmen zu dokumentieren

- Gruppeninterviews und –diskussionen
  Ein und dieselbe Frage wird von durch mehrere anwesende Personen beantwortet; Hemmungen werden in der Gruppe oft abgebaut

- Simulationen
  Zählen zu den sehr guten Instrumenten der Kulturanalyse, da man sofort einen direkten Vergleich von zwei Unternehmenskulturen erhält und die unterschiedlichen Herangehensweisen dokumentieren kann

- Fragebögen
  Ermöglichen in kurzer Zeit viele Einzelmeinungen aufzunehmen; die Erstellung muss aber sehr genau durchdacht sein

---

[74] Beitrag auf www.ottmar-schneck.de, Cultural Due Diligence oder warum die meisten Fusionen scheitern?, link http://www.ottmar-schneck.de/uploads/media/Cultural_Due_Diligence_oder_warum_die_meisten_Fusionen_scheitern.pdf, 10.7.2012

Es muss jedoch darauf hingewiesen werden, dass im Vorfeld von M&A Transaktionen oftmals keine Möglichkeit zur Befragung bzw. Einbindung von Mitarbeitern im zu übernehmenden Unternehmen besteht!

Unabhängig von der Due Diligence sollte hinsichtlich des Umfeldes in welchem zukünftig die wirtschaftliche Tätigkeit erfolgen wird, noch eine Risikoanalyse darüber erstellt werden, welche Chancen und Risiken aus den Bereichen Wirtschaft, Politik und Gesellschaft zu erwarten sind. Des Weiteren kann noch auf Basis einer Potenzialanalyse eine Gap Analyse durchgeführt werden, die sich aus einer Gegenüberstellung der IST Situation mit den SOLL Größen ergibt.[75]

Kommt man nun nach Durchführung aller notwendiger Analysen zu dem Schluss, dass eine M&A Transaktion zu einem Mehrwert führen wird und ist man sich folglich über den Kaufpreis einig geworden, dann wird diese Phase durch die Unterzeichnung des Kaufvertrages beendet.[76]

3.4.3 Integrations-Phase („Post-Merger Phase")

Die wirkliche Arbeit bei einer M&A Transaktion beginnt erst mit der Integrations- oder Post-Merger-Phase. Sie entscheidet schlussendlich maßgeblich über den Erfolg oder Misserfolg einer Übernahme/Fusion. Die Analysen und Strategien, die bis zur Vertragsunterzeichnung erarbeitet wurden, müssen jetzt Schritt für Schritt umgesetzt werden. Die Umsetzung dieser Maßnahmen erfolgt im Zuge des Integrationsmanagements. Die Integrations-Phase definiert sich dadurch, dass mit der Umsetzung der Maßnahmen zur *„Zusammenführung von zwei oder mehr Unternehmen mit der Zielsetzung, die Markt- und Wettbewerbssituation zu verbessern"* begonnen wird.[77]

Aufgrund der vielen verschiedenen Einflussfaktoren und ihrer starken Vernetzung, möchte ich zur Veranschaulichung der Komplexität des Post-Merger Managements/Integrationsmanagements das 7-K-Modell von Jansen heranziehen.

---

[75] Vogel, M&A – Ideal und Wirklichkeit,127
[76] Picot/Bäzner, Handbuch Mergers & Acquisitions, 358
[77] Wirtz, Mergers & Acquisition Management, 274

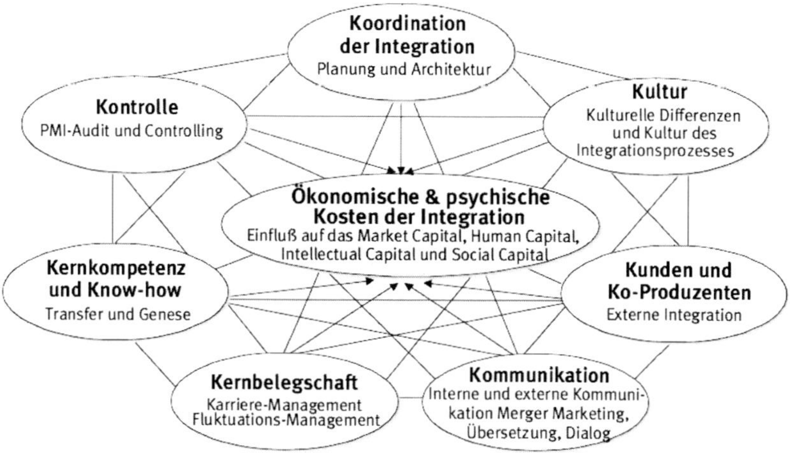

Abbildung 8: 7-K-Modell des Post-Merger Managements nach Jansen [78]

Hierbei werden alle Kernelemente, die direkten Einfluss auf die ökonomischen und psychischen Kosten der Integration haben, zusammengefasst. Es sollen in weiterer Folge jene Aspekte des Post-Merger Managements in eine Gesamtstrategie einfließen um damit verbundene Integrationskosten besser bestimmbar machen.[79]

Das Zentrum des Modells bilden die vier wesentlichen Kapitalien einer Organisation: Market Capital, Human Capital, Intellectual Capital und Social Capital. Sämtliche Perspektiven werden unter dem Aspekt der Integrationskostenbestimmung einbezogen.[80]

Nachfolgend nun eine kurze Interpretation der 7 K's:[81]

1. Die Koordination der Integration bezeichnet die Art und Weise der Integrationstätigkeit; diese wird insbesondere durch den Typus der Integration und der dahinterliegenden Zielsetzung geprägt

[78] Jansen, Die 7 K´s des Merger-Managements, 7
[79] Jansen, Die 7 K´s des Merger-Managements, 7
[80] Picot, Handbuch Mergers & Acquisitions, 514
[81] Picot, Handbuch Mergers & Acquisitions, 520ff

2. Die Kultur bezieht sich auf die Rolle der Kultur im gesamten Integrationsprozess und definiert auch die Berücksichtigung im Integrationsprozess

3. Kunden sowie Ko-Produzenten müssen in den Integrationsprozess eingebunden werden, da diese sehr rasch ihr Verhalten ändern können

4. Der Kommunikation kommt eine wesentliche Rolle im Integrationsprozess zu und muss authentisch und ausreichend erfolgen

5. Ein besonderes Augenmerk muss im Integrationsprozess auf die Kernbelegschaft gelegt werden; diese muss stark in den Integrationsprozess eingebunden werden

6. Das Kernkompetenz und Knowhow-Management muss speziell in der Integrationsphase sicherstellen, dass das bestehende Wissen im Unternehmen gesichert wird; ein Abfluss von Wissen würde die Rentabilität der Investition gefährden

7. Die Kontrolle des Integrationsprozesses schließt den Kreislauf; nur wirksame Kontrollmechanismen können sicherstellen, dass der komplexe und vielschichtige Integrationsprozess optimal verläuft

Im Weiteren wird sich diese Arbeit insbesondere auf die kulturspezifischen Probleme in der Post-Merger Phase konzentrieren. Diese Problemfelder werden nachfolgend analysiert und schlussendlich werden Lösungsansätze aufgezeigt, wie diese wesentliche Thematik strukturiert und optimal behandelt werden kann um auch wirklich alle vorab erwarteten Synergien einer M&A Transaktion zu heben.

4 Einflussfaktoren auf den Integrationsprozess

Hat man sich letztendlich für den Schritt der Unternehmenserweiterung entschieden, dann befindet man sich in der sogenannten Pre-Merger Phase. Hier gilt es nun die im Vorfeld erarbeiteten Strategien umzusetzen um das volle Potenzial dieser Transaktion zu heben. Wie der Integrationsprozess und im speziellen der kulturelle Integrationsprozess begonnen und umgesetzt wird, hängt vielfach vom z.B. übernommenen Unternehmen ab. Die Kultur innerhalb verschiedener Unternehmen ist unterschiedlich stark ausgeprägt und bedarf individuell erarbeiteter Maßnahmen bei der Integrationsarbeit. Im Folgenden Kapitel sollen die Einflussfaktoren, die es bei der kulturellen Integrationsarbeit zu berücksichtigen gilt, aufgezeigt werden und auf Basis ihrer Ausprägungen auch ein möglicher Umgang mit diesen Faktoren analysiert werden.

4.1 Strategische Einflussfaktoren

4.1.1 Integrationsstrategie

Um nach einer M&A Transaktion eine erfolgreiche Zusammenarbeit zwischen den verschiedenen Organisationen inklusive deren unterschiedlichen Unternehmenskulturen sicherzustellen, bedarf es einer Zusammenführung dieser. Das bedeutet, dass es zu einer gegenseitigen Beeinflussung und auch einer Anpassung des Wertesystems, der Verhaltensnormen und der unterschiedlichen Denkweisen der beiden Organisationen kommen muss und wird.[82]

Um zu vermeiden, dass diese Anpassungen unkoordiniert ablaufen, muss es im Vorfeld schon eine Art Integrationsstrategie geben, die die Art und Weise der Zusammenführung behandelt. Des Weiteren wird die Methodik der Kulturintegration davon abhängen, wie eng die zukünftige Zusammenarbeit geplant ist; sprich, welcher Integrationsgrad erreicht werden soll.

Dem dominierenden Unternehmen – in der Regel das übernehmende Unternehmen – stehen drei verschiedene Strategien zur Verfügung, um einen optimalen Kulturtransfer zu erwirken.

---

[82] Haspeslagh/Jemison, Akquisitionsmanagement 113f

Dominiert ein Unternehmen deutlich, wird oftmals die sogenannte *Monokulturstrategie* angewandt; die Kultur des „überlegenen" Unternehmens wird direkt in das „unterlegene" Unternehmen übertragen. Diese Maßnahme kann sehr schnell zu Widerständen und auch zu einem Kulturschock führen (vgl. 4.2.4.1/4.2.4.2). Geht man davon aus, dass diese Art der Kulturintegration letztendlich zu einem besseren Ergebnis führt, dann empfiehlt es sich, die Kommunikationsmaßnahmen entsprechend sorgfältig zu planen.[83]

Sollen nach einer M&A Transaktion zwei Organisationen aus sehr unterschiedlichen Bereichen vereinigt werden oder wenn die beiden Unternehmen örtlich voneinander getrennt sind, dann würde sich die sogenannte *Multikulturstrategie* empfehlen. Dabei existieren beide Unternehmenskulturen nebeneinander und werden nicht vollständig integriert. Das bedeutet, dass die Mitarbeiter beider Organisationen eigenständig agieren aber dem Gegenüber Respekt entgegenbringen.[84]

Zeigen beide Organisationen in gewissen Bereichen Stärken innerhalb ihrer Unternehmenskultur auf, dann empfiehlt sich die *Mischkulturstrategie* anzuwenden. Es sollte eine gemeinsame und von allen Organisationsmitgliedern getragene Mischkultur entwickelt werden, die sich aus den jeweils besten Kulturkomponenten ergibt.[85]

4.1.2 Integrationsgrad

Der Integrationsgrad bzw. die Integrationstiefe bestimmt die Intensität der Integration; in wie weit wird das übernommene Unternehmen in einen bestehenden Verbund integriert. Um allerdings Synergiepotenziale optimal ausnutzen zu können, bedarf es meist ein hohes Maß an Integration. Prinzipiell können nachfolgende Integrationsgrade unterschieden werden:

- Vollständige Integration (Übernahme einer Kultur)
- Stand alone Position (Kulturpluralismus)
- Partielle Integration (Symbiose der Kulturen)[86]

---

[83] Picot/Bäzner, Handbuch Mergers & Acquisitions, 596
[84] Cartwright/Cooper, Managing Mergers, 83f
[85] Picot/Bäzner, Handbuch Mergers & Acquisitions, 596
[86] Jansen, Mergers & Acquisitions, 326ff

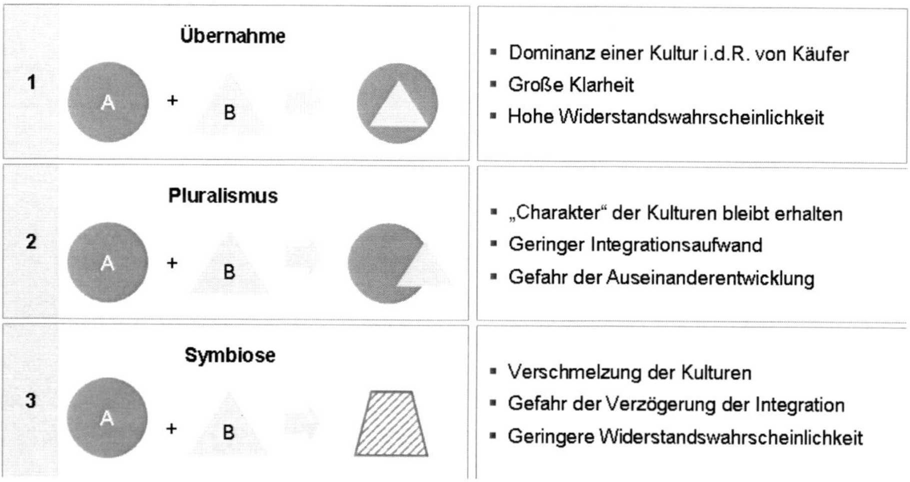

Abbildung 9: Strategien der Kulturintegration[87]

4.1.2.1 Übernahme

Die Übernahme oder auch vollständige Integration zeichnet sich durch einen sehr starken Interdependenzbedarf aus, da letztendlich die Autonomie des zu integrierenden Unternehmens komplett aufgehoben wird. Diese vollkommene Übernahme einer wirtschaftlichen Einheit stellt die schwierigste und oftmals auch langwierigste Integrationsform dar. Letztendlich muss eine vollkommen neue Organisationsstruktur für zukünftige unternehmerische Tätigkeiten erarbeitet und eingeführt werden.[88] Die Übernahme eines Unternehmens und der dort vorherrschenden Unternehmenskultur ist oftmals mit großen Widerständen verbunden, was die Bedeutung der Planung und der Integrationsgeschwindigkeit weiter erhöht.[89]

Bei der Durchführung einer vollständigen Integration sollten folgende Punkte berücksichtigt werden, die wesentlich zum Erfolg dieser Integrationsform beitragen können:[90]

- Koordination der Potenziale beider Firmen
- Adaption der bestehenden Unternehmensstrategien

[87] Grosse-Hornke/Gurk, Erfolgsfaktoren Unternehmenskultur bei Mergers & Acquisitions (M&A), 101
[88] Jansen, Mergers & Acquisitions, 234f
[89] Grosse-Hornke/Gurk, Erfolgsfaktoren Unternehmenskultur bei Mergers & Acquisitions (M&A), 102

- Bildung einer neuen Organisationsstruktur
- Selektion der besten Führungskräfte
- Kommunikationsmaßnahmen für Kunden und Lieferanten entwickeln
- Ausarbeitung einer neuen Unternehmenskultur und möglicherweise Anpassung der Managementtechniken daran

4.1.2.2 Pluralismus

Diese „Stand alone Position" wird als die schwächste Variante der Integration bezeichnet, da das übernommene Unternehmen in der wirtschaftlichen Aktivität nahezu autonom und damit unabhängig vom neuen Eigentümer agieren kann. Diese Variante der „Integration" findet sich häufig bei Großkonzernen, wo das neu integrierte Unternehmen in einem komplett anderen Marktsegment tätig ist als das Mutterhaus, es gilt, einen etablierten Markennamen zu erhalten oder die Vorteile aus der Kontinuität der bisherigen Unternehmensstruktur (Management, Organisation und Personal) überwiegen.[91] Hierbei ist das Generieren von Synergieeffekten zweitrangig.

Als Vorteile dieser „Integration" können unter anderem nachfolgende Punkte angeführt werden:[92]

- Vermeidung einer komplexen Organisationsänderung
- Vermeidung einer Unternehmensstrategieänderung; Management Ressourcen und damit verbundenes „Know how" verbleiben im Unternehmen
- Vermeidung eines Kulturschocks
- Vermeidung größerer Ablenkungen der Mitarbeiter vom Tagesgeschäft

Der Erfolg dieser Art der „Integration" liegt darin, dass das übernommene Unternehmen in seiner bisherigen Art und Weise weiterarbeiten kann. Es bedarf aber trotzdem einer genauen Planung von Zielen und Anpassungen in unterschiedlichsten Bereichen um die Gefahr der Auseinanderentwicklung zu reduzieren.[93]

---

[90] Jansen, Mergers & Acquisitions, 234f
[91] Vogel, M&A –Ideal und Wirklichkeit, 246f
[92] Jansen, Mergers & Acquisitions, 233
[93] Grosse-Hornke/Gurk, Erfolgsfaktoren Unternehmenskultur bei Mergers & Acquisitions (M&A), 102

4.1.2.3 Symbiose

Die sogenannten Symbiose oder auch partiellen Übernahme genannt bezeichnet eine Verflechtung von zwei Unternehmen die zunächst getrennt und unabhängig voneinander arbeiten und erst im Laufe der Zeit einen steigenden Interdependenzgrad erreichen sollen. Hierbei kommt es neben der Finanz- und Informationswirtschaft auch zu einer Integration der Leistungserstellung- und Leistungsverwertungsbereiche. Ziel ist letztendlich eine konsequente Synergieausschöpfung und eine damit verbundene Optimierung der Geschäftstätigkeit. Die Herausforderung hierbei liegt in der Schaffung einer Balance zwischen einem Interdependenz- und einem Autonomiebedarf.[94]

Um die partielle Übernahme/Symbiose optimal umsetzen zu können sollen unter anderem folgende Punkte beachtet werden:[95]

- Produktionsabläufe der beiden Firmen abstimmen
- Gehälter harmonisieren
- Gemeinsame Abstimmung der Abläufe in Logistik, Produktion sowie Forschung & Entwicklung
- Abstimmung und Harmonisierung der Produktentwicklung und anderer Forschungsprogramme
- Vereinheitlichung von Qualitätsbegriffen und Produktstandards

4.1.3 Integrationsgeschwindigkeit

Obwohl die Geschwindigkeit einer Integration als wichtiger Erfolgsfaktor erachtet wird, gibt es in der Theorie verschiedenste, teils konträre Meinungen dazu.

Vorab sein aber erwähnt, dass sich die Geschwindigkeit nicht nur auf die Dauer der Integrationsphase sondern auch auf den Zeitpunkt der Integration bezieht. Somit stellen sich folgende Fragen:[96]

[94] Haspeslagh/Jemison, Akquisitionsmanagement 169f
[95] Jansen, Mergers & Acquisitions, 234f
[96] Gerpott, Integrationsgestaltung und Erfolg von Unternehmensakquisitionen , 161f

- Wie lange soll die Integration dauern?
- Wann soll mit der Umsetzung der Integrationsmaßnahmen begonnen werden?
- In welchen Bereichen soll mit welchen Maßnahmen begonnen werden?

Verschiedenste Autoren vertreten unterschiedlichste Ansichten, wenn es um das Thema Integrationsgeschwindigkeit geht. *„Es muss alles sehr schnell gehen“*[97], *„nur eine kontinuierlich moderat durchgeführte Integration führt mittelfristig zum Erfolg“*[98] über *„Geschwindigkeit ist nicht alleine ausschlaggebend für den Erfolg“*[99] bis hin zu *„die Geschwindigkeit einer Integration ist überhaupt kein Kriterium für eine erfolgreiche Integration“*[100]. Was jedenfalls für eine rasche Umsetzung der Integrationsmaßnahmen spricht, ist die Verkürzung der Unsicherheitsphase der gesamten Belegschaft. Es soll kein Platz für Gerüchte, Spekulationen und Voreingenommenheit gegeben werden. Dem gegenüber stehen Argumente für eine langsamere Integration, welche sich vor allem auf die Vermeidung von Fehlern durch unausgereifte Integrationskonzepte beziehen.[101]

Ich persönlich bin der Meinung, dass die Integrationsgeschwindigkeit vor allem im Zusammenhang mit dem Integrationszeitpunkt sehr wohl eine Auswirkung auf den Erfolg einer Integration hat. Dabei gilt es aber eine Definition für die Geschwindigkeit zu finden, denn Geschwindigkeit steht für mich nicht unbedingt für schnell. Für mich persönlich gilt es die verschiedenen Maßnahmenpaket für eine Integration zu schnüren und mit unterschiedlichen Zeitdauern zu versehen; es gibt Dinge, die sollten augenblicklich umgesetzt werden und dann gibt es Maßnahmen, die erst mit der Zeit eingebracht werden können.

4.2 Kulturelle Einflussgrößen

Allen Bezugsgruppen ist deren jeweilige Kultur übergeordnet welche schlussendlich erst deren Verhalten, deren Werte und deren gesellschaftliche Normen ausmacht. Kultur kann dabei als eine Übereinstimmung von unterschiedlichen Verhaltensmustern einer Vielzahl von Individuen definiert werden, die wiederum auf größere soziale Einheiten übertragbar ist. Das können z.B. Sprachgemeinschaften

[97] Habeck/Kröger/Träm, Wi(e)der das Fusionsfieber, 65
[98] Gerds/Schewe, Post Merger Integration, 38
[99] Jansen/Picot/Schiereck, Internationales Fusionsmanagement, 111
[100] Jansen/Picot/Schiereck, Internationales Fusionsmanagement, 23

oder gar ganze Länder sein. Kultur umfasst daher gesellschaftlich übereinstimmende Muster in den Bereichen Denken, Fühlen und Handeln, welche sich letztendlich in kollektiven Wertesystemen und Normen ausdrücken. Dies wiederum kann als Basis für ein weitgehend übereinstimmendes Verhalten der Gesellschaftsmitglieder gesehen werden.[102]

Innerhalb der verschiedenen Kulturen gibt es zusätzlich unterschiedlichste Subkulturen, die sich in der Regel übergeordnete Werte und Normen teilen; sie zeichnet jedoch aus, dass sie sich in gewissen Bereichen ihre eigenen Normen, Werte und auch Regeln aufstellen.[103]

Wie bereits erwähnt, sind Normen und Werte nach denen Organisationen funktionieren und Menschen handeln, durch verschiedenste Einflüsse geprägt. Nachfolgend möchte ich nun einen Überblick über die unterschiedlichen kulturellen Einflussgrößen geben.

4.2.1 Subkulturelle Einflüsse

Subkulturen können sich innerhalb eines bestehenden Unternehmens bilden. Unterschiedliche Wertvorstellungen bedingt durch Alter (Junge versus Alte), Wohnsitz (Stadt versus Land) oder Herkunft (Inländer versus Ausländer) können zum Entstehen von Subkulturen innerhalb einer Organisation beitragen. Zusätzlich gibt es noch unterschiedliche Wertvorstellungen bedingt durch das Tätigkeitsfeld im Unternehmen. Es ist nachgewiesen, dass Außendienstmitarbeiter eines Unternehmens andere Wertvorstellungen aufweisen als z.B. Verwaltungsangestellte im Innendienst. Demzufolge gibt es divergierende Denkweisen und Anforderungen auch zwischen den unterschiedlichen Hierarchieebenen.[104]

Es kommt somit zu einer ungleichmäßigen Verteilung innerhalb der Belegschaft von Harmonie und Disharmonie, Bindung und Distanz gegenüber vorherrschenden Arbeitsbedingungen, Normen und Leitbildern. Daraus resultiert, dass Zufriedenheit

---

[101] Habeck/Kröger/Träm, Wi(e)der das Fusionsfieber, 65
[102] Kroeber-Riel, Weinberg, Konsumentenverhalten, 552f
[103] Meffert, Burmann, Kirchgeorg, Marketing, 134
[104] Prott, Unternehmenskultur und Personalführung im betrieblichen Alltag, 54

im Zusammenhang mit der betrieblichen Sozialrealität gruppenspezifisch unterschiedlich ausfällt.[105]

Je größer eine Organisation ist, desto wahrscheinlicher ist die Existenz von Subkulturen, welche sich in Form von Cliquen etablieren.[106] Diese Cliquen entstehen parallel zur formalen Organisation und stützen sich auf außerberufliche Interessen und sind nach außen hin abgegrenzt. Des Weiteren bieten sie einen optimalen Nährboden für Gerüchte und können negative Stimmungen erzeugen, die zu einer harten Belastung für die Integrationsarbeit werden können.[107] Will man die Kulturintegration erfolgreich vorantreiben, empfiehlt es sich, keine kulturellen Zwangsmaßnahmen durchzuführen. Es empfiehlt sich eine ausgehandelte Ordnung, welche ein Netz von wechselseitigen Abhängigkeiten zwischen den Individuen und den Gruppen einer Organisation schafft.[108]

Ich persönlich bin mit diesem eher theoretisch gehaltenem Ansatz nicht zufrieden, denn es scheint sich um einen sehr aufwändigen Prozess zu handeln, der bis in die tiefsten Unternehmensebenen greifen muss und am Ende in einem Kompromiss enden wird, der wiederum viele Personen nicht zufriedenstellen wird. Wie auch immer man die kulturelle Integration schlussendlich angeht; es ist wichtig auch den Aspekt der Subkulturen innerhalb einer Organisation miteinzubeziehen und für sich selber einen Weg festzulegen.

4.2.2 Landeskulturelle Einflüsse

Global tätige Unternehmen sind den kulturellen Einflüssen jener Länder ausgesetzt, in denen sie operieren. Die jeweilige Landeskultur kann durchaus zum Problem für die kulturelle Konsolidierung bzw. Integration werden und bestimmt sich durch unterschiedliche Sprachen, Gewohnheiten, Höflichkeitsregeln aber auch durch Vorurteile.[109]

Die Interaktion von Kulturen mit unterschiedlichen Sprachen, Weltanschauungen, Denk- und Verhaltensmustern, Ausbildungsniveaus, Weltanschauungen und

---

[105] Prott, Unternehmenskultur und Personalführung im betrieblichen Alltag,30f
[106] Rau, Analyse der Unternehmenskultur, 36
[107] Prott, Unternehmenskultur und Personalführung im betrieblichen Alltag, 211f
[108] Bate, Cultural Change, 55ff
[109] Hofstede, Culture's Consequences, 79ff

Organisationsmustern fordert von der Führungsebene eine hohes Maß an emotionaler Intelligenz, Interesse sich mit den Unterschieden zu befassen und diese zu hinterfragen, Flexibilität sowie Offenheit gegenüber allen Beteiligten.[110] Diese zeigt sich typischerweise darin, dass es gelingt, negative Reaktionen auf fremde Kulturen und insbesondere die Verteidigung der eigenen, vermeintlich überlegenen Kultur abzulegen[111].

Ohne sämtliche Studien aufzuzählen (es gibt sowohl Stimmen, die den landeskulturellen Einfluss auf das erfolgreiche Gelingen einer Integration für sehr hoch einschätzen als auch Personen, die den Faktor Landeskultur für eher gering halten), denke ich, dass ein offener und zudem toleranter Umgang mit einer neuen Kultur bei gleichzeitigem Ablegen einer Verherrlichung der eigenen – vermeintlich überlegenen – Kultur nur positiv auf den Verlauf einer Integration wirken kann.

4.2.3 Unternehmenskulturelle Einflüsse

Prinzipiell ist die Unternehmenskultur etwas traditionell gewachsenes und ist im Laufe der Unternehmensgeschichte entstanden. Sie kann auch als Summe der Erfahrungen innerhalb einer Organisation bezeichnet werden. Insbesondere global agierenden Unternehmen, deren Wachstum mitunter auch über M&A Transaktionen erfolgt ist, weisen eine unterschiedliche Entwicklungsgeschichte auf, da deren Entwicklung in verschiedenen Zeiträumen und in unterschiedlichen wirtschaftlichen, gesellschaftlichen und politischen Epochen erfolgt ist. [112]

Wie schon unter Punkt 4.1 Strategische Einflussfaktoren im Detail erläutert, kommt es immer wieder vor, dass das übernehmende Unternehmen zur Ausgrenzung anderer Denkweisen neigt. Darauf wird das übernommene Unternehmen mit Abneigung reagieren und es besteht die Gefahr, dass die Integrationsstrategie letztendlich scheitert.

4.2.4 Kulturkonflikte

Als Konsequenz einer internationalen M&A Transaktion treffen im Normalfall unterschiedlichste Unternehmenskulturen direkt aufeinander. Im Falle, dass die

---

[110] Doppler/Lauterburg, Change Management, 27f
[111] Doppler/Lauterburg, Change Management , 29f
[112] Rau, Analyse der Unternehmenskultur, 7

beiden Kulturen der jeweiligen Unternehmen nicht zueinander passen, zeigt sich dies sofort in der Post-Merger Phase. Wie bereits beschrieben können diese Unterschiede, solange sie nicht professionell analysiert und bearbeitet werden, enorme Widerstände verursachen.[113] Kommt es z.B. in Folge einer Firmenübernahme zu einer vollständigen Integration inklusive der Dominanz einer Kultur über die andere und wird die Integration aus Sicht der Integrationsgeschwindigkeit so schnell wie möglich durchgezogen, dann können interkulturelle Probleme entstehen.

4.2.4.1 Kulturkollision

Das Aufeinandertreffen zweier Unternehmenskulturen wird in der Fachliteratur als „Kulturkollision" oder „clash of cultures" bezeichnet. Wird dieses Aufeinanderprallen von verschiedenen Wertesystemen nicht strategisch geplant, dann kann es einen „Kulturschock" auslösen.[114] Mit der Stärke der aufeinandertreffenden Unternehmenskulturen steigt auch Risiko, dass letztendlich ein Kulturschock auftritt. Es gilt hierbei, dass je stärker und unterschiedlicher die Kulturen sind, die „Chancen" für Widerstände gegen Veränderungen umso höher einzuschätzen sind.[115] Infolge eines Zusammenschlusses müssen sich die Mitarbeiter mit anderswertigen kulturellen Grundannahmen auseinandersetzen und der damit einhergehende Interpretationsversuch von fremden Werten verursacht oftmals Ängste und Unsicherheiten. Diese Ängste werden durch das Infrage stellen der bisher gültigen Grundannahmen, Normen und Werte ausgelöst und kann im schlimmsten Falle Selbstzweifel und Orientierungslosigkeit bei den – im Normalfall – übernommenen Organisationsmitgliedern auslösen.[116]

In Folge dessen kann sich eine „we versus they" Mentalität entwickeln, wo die Mitarbeiter untereinander „kämpfen" um ihre Kultur zu verteidigen, da sie ihre jeweilige Kultur als die einzig wahre und bewährte einschätzen. Mit dem Widerstand gegen Veränderung entsteht eine Situation, wodurch schlussendlich die Mitarbeiter von ihren jeweiligen Aufgaben abgelenkt werden, was sich in einer rückläufigen Produktivität widerspiegelt.[117]

---

[113] Borowicz/Mittermair, Strategisches Management von Mergers & Acquisitions, 264
[114] Stafflage, Unternehmenskultur als erfolgsentscheidender Faktor, 34
[115] Nahavandi/Malekzadeh, Organisational Culture in the Management of Mergers, 60
[116] Olbrich, Unternehmenskultur und Unternehmenswert, 61
[117] Marks/Mirvis, Merger Syndrom, 50ff

4.2.4.2 Merger-Syndrom

Die Stärke des Kulturschocks wird weitestgehend vom Integrationsgrad bestimmt; je höher der Integrationsgrad, desto stärker wahrscheinlicher wird es zu einem Kulturschock kommen, der letztendlich das sogenannte „Merger-Syndrom" auslöst. Als Merger-Syndrom kann die Summe aller psychischen Auswirkungen einer M&A Transaktion auf die einzelnen Mitarbeiter und deren negative Reaktion darauf verstanden werden.[118]

Bereits die Ankündigung einer M&A Transaktion kann aufgrund erwarteter Werteverluste zu Stresssituationen, Ängsten, Unsicherheiten und Spannungen führen, die sich negativ auf die Arbeitszufriedenheit und die Bindung von Mitarbeitern zum Unternehmen auswirken können.[119] Interessanterweise ist es dabei egal, ob es sich um eine freundliche oder sogenannte feindliche Übernahme handelt. Letztendlich befürchten die Mitarbeiter im übernommenen Unternehmen, dass es zu einem Arbeitsplatzverlust oder zu einem Wegfall von Karrieremöglichkeiten kommen wird.[120]

---

[118] Lucks/Meckl, Internationale Mergers & Acquisitions, 140
[119] Buono/Bowditch, The human side of mergers and acquisitions, 12
[120] Haspeslagh/Jemison, Akquisitionsmanagement, 156f

5 Post-Merger Integration

In diesem Kapitel werden verschiedenste Kulturintegrationsmodelle näher erläutert und erklärt. Dieser Teil der Arbeit ist für mich persönlich ein sehr wesentlicher, da es mitunter eines meiner Ziele war, aufzuzeigen, wie Integrationsarbeit laut Theorie optimal abzulaufen hat.

5.1 Modelle der Kulturintegration

Der kulturelle Transfer während der Integrationsphase kann in unterschiedliche Richtungen ablaufen; vom akquirierenden Unternehmen zum übernommenen, vom übernommenen zum akquirierenden oder oftmals parallel. Dieser Kulturtransfer wird in der Forschung als „Akkulturation“ bezeichnet. Diese Akkulturation wird als Prozess der gegenseitigen Beeinflussung verstanden, woraus eine kulturelle Anpassung von früher unabhängigen Partnern resultiert.[121]

„Acculturation requires the contact of at least two autonomous cultural groups; there must also be change in one or other of the two groups which results from the contact.“[122]

Nachfolgend werde ich nun einige theoretische Modelle der Kulturintegration näher vorstellen.

5.1.1 Das Modell der Kulturbeeinflussung nach BUONO/BOWDITCH

Das nun nachfolgend beschriebene Modell der Kulturbeeinflussung von Buono und Bowditch geht als Hauptgrund für gescheiterte Unternehmenszusammenschlüsse von zu unterschiedlichen Unternehmenskulturen aus. Diese Unterschiede erzeugen Konflikte und Widerstände und sorgen letztendlich für ein Scheitern einer M&A Transaktion.[123]

---

[121] Nahavandi/Malekzadeh, Acculturation in Mergers and Acquisitions, 81
[122] Samuda/Woods, Perspectives in immigrant and minority education, 66
[123] Buono/Bowditch, The human side of mergers and acquisitions, 143

Buono und Bowditch entwickeln anhand der unterschiedlich vorherrschenden Unternehmenskulturen vier Modelle, die sich mit den Auswirkungen des Aufeinandertreffens unterschiedlicher Kulturvarianten beschäftigen:[124]

1. Kulturvielfalt (cultural pluralism)

   Geringe Notwendigkeit einer kulturellen Anpassung gegeben, da mehrere Kulturen harmonisch nebeneinander existieren. Mögliche kulturelle Unterschiede werden mit dem Ziel akzeptiert, dass sich Subkulturen über beide Unternehmenskulturen bilden. Diese Subkulturen sollen die Gemeinsamkeiten abbilden und letztendlich dem Unternehmen zusätzliche Stärke verleihen.

2. Kulturkombination (cultural blending)

   Die Stärken der jeweiligen Kulturen sollen dahingehend kombiniert werden, dass eine neue, gemeinsame und stärkere Unternehmenskultur entsteht. Keine der beiden Kulturen kann in diesem Fall dominieren; neben der Tatsache, dass diese Form der Kulturintegration von den involvierten Personen die Bereitschaft abverlangt, diese Kombination zu unterstützen, darf es auch keinen allzu ausgeprägten Wettbewerb zwischen den Organisationen geben.

3. Kulturübernahme (cultural takeover)

   Das stärkere Unternehmen – in den meisten Fällen das übernehmende Unternehmen – zwingt defakto dem übernommenen Unternehmen die eigene Unternehmenskultur auf. Diese Situation führt im Normalfall immer zu nicht unerheblichen Konflikten und Widerständen. Um diese Variante durchzusetzen bedarf es neben einem kompetenten, fairen und glaubwürdigen Managements ein ausgereiftes Kommunikationskonzept.

[124] Buono/Bowditch, The human side of mergers and acquisitions,143ff

4. Kulturwiderstand (cultural resistance)

   Richtet sich die Übernahme und die Integrationsstrategie nur nach operativen Zielen (hard facts), dann ist mit erheblichen Widerständen zu rechnen. Dieser Kulturwiderstand drückt sich in großen Spannungen zwischen den Organisationen und den jeweils vorherrschenden Kulturen aus und erschwert letztendlich die Integration enorm. Diese Spannungen können als Antwort auf das Ignorieren von kulturellen Unterschieden zwischen verschiedenen Organisationen verstanden werden.

Buono und Bowditch vertreten die Ansicht, dass die Form der kulturellen Integration nur über eine detaillierte Kulturdiagnose bestimmt werden kann.[125] Basierend auf den Ausprägungen der Unternehmenskulturen kann auf ein erwartetes Konfliktpotenzial geschlossen werden; diese Erkenntnisse können somit einen wesentlichen Beitrag zur Auswahl der Integrationsform liefern. Obwohl sich Buono und Bowditch bewusst sind, dass ein kultureller Wandel in der Regel einen längeren Zeitraum in Anspruch nimmt, ist dieser – in Abhängigkeit der gewählten Integrationsstrategie und –form – unumgänglich. In weiterer Folge schlagen sie vier kulturbeeinflussende Maßnahmen vor, die mittel- bis langfristig eine Änderung der Unternehmenskultur herbeiführen sollen:[126]

- Schaffung eines Anreizsystems – Verhaltensänderungen bei Organisationsmitgliedern können durch ein spezielles Anreizsystem erzeugt werden
- Rechtfertigung der kulturellen Änderungen – Glaubwürdigkeit in der Übermittlung der kulturellen Integrationsziele und in der Darstellung der Sinnhaftigkeit
- Optimierung der Kommunikationsmaßnahmen – offene und ehrliche Kommunikation bei der Einführung neuer Rituale und Zeremonien
- Notwendige personelle Veränderungen umsetzen – Personen, die den neuen Weg nicht „mitgehen" wollen, müssen das Unternehmen verlassen (kulturaverse Mitarbeiter) bzw. werden nur Personen behalten, die sich an die

[125] Buono/Bowditch, The human side of mergers and acquisitions, 149ff
[126] Buono/Bowditch, The human side of mergers and acquisitions, 165ff

neue Unternehmenskultur anpassen (kulturkonforme oder kulturkompatible Mitarbeiter)

5.1.2 Das Modell der Kulturkompatibilität nach CARTWRIGHT/COOPER

Beim Kulturkompatibilitätsmodell von Cartwright und Cooper sind die Motive, die Ziele und auch die Art des Zusammenschlusses die Grundlage für die Wahl der Integrationsform. Cartwright und Cooper vergleichen die Einigung auf eine bestimmte Art des Zusammenschlusses mit der Ehe. Sie vertreten die Ansicht, dass nicht solche Unternehmen am besten zusammenpassen, welche die ähnlichsten kulturellen Eigenschaften aufweisen, sondern diejenigen, die sich auf einen Art „Ehe" geeinigt haben, die von den Organisationsmitgliedern akzeptiert und in weiterer Folge auch realisiert wird.[127]

Diesbezüglich unterscheiden sie vier verschiedene unternehmenskulturelle Typen:[128]

- *power cultures* – Organisationen, welche stark zentralisierte Entscheidungsstrukturen aufweisen
- *role cultures* – bürokratisch organisierte Organisationen mit einer klaren Rollen-zuteilung
- *task cultures* – leistungsorientiert ausgerichtete Organisationen
- *person cultures* – dezentral ausgerichtete Organisationen

Im Grunde liegt die Hauptaussage des Modelles auf der Annahme, dass der Erfolg einer Unternehmenszusammenführung im Zuge einer M&A Transaktion nicht durch das Aufeinandertreffen von zwei gleichen Unternehmenskulturen gewährleistet wird, sondern das der Hauptausschlag für den zukünftigen Erfolg auf der Zusammenführung zweier ähnlicher unternehmenskultureller Typen liegt. Laut Cartwright und Cooper kann erwartet werden, dass die Übernahme einer Organisation mit Power Culture durch eine mit Role Culture erfolgreich verlaufen wird, da die Mitarbeiter in der übernommenen Organisation mit den Abläufen und dem Verhalt
en in der übernehmenden Organisation gut zu Recht kommen werden.[129]

[127] Cartwright/Cooper, The role of culture compatibility, 67
[128] Cartwright/Cooper, Managing mergers, 65ff
[129] Cartwright/Cooper, The role of culture compatibility, 67

Neben der Aussage, dass die Erweiterung der Verantwortlichkeiten der involvierten Mitarbeiter ebenfalls eine positive Auswirkung auf den Erfolg eines Unternehmenszusammenschluss haben kann, liegt ein weiteres wesentliches Augenmerk auf der Art und Weise, wie der Zusammenschluss umgesetzt werden soll. Dabei unterscheiden sie drei Arten dieser „organizational marriage" oder Unternehmensehen:[130]

- *traditional marriage* – Käufer will seine Unternehmenskultur auf das übernommene Unternehmen übertragen
- *open marriage* – Käufer akzeptiert die Unternehmenskultur im übernommenen Unternehmen und plant auch keine Veränderungen
- *collaborative, modern marriage* – Käufer und übernommenes Unternehmen sollen zusammenwachsen und letztendlich soll eine neue, gemeinsame Unternehmenskultur entstehen

Interessanterweise gehen Cartwright und Cooper davon aus, dass die „traditionelle Unternehmensehe" die größte Aussicht auf Erfolg bietet, wo sich letztendlich der schwächere Partner dem – im Normalfall – übernehmenden Partner angleichen bzw. anpassen wird. Dem gegenüber steigt ihrer Meinung nach bei allen anderen Varianten das Risiko, dass die Zusammenführung letztendlich erfolglos verlaufen wird.[131]

Zusammengefasst kann gesagt werden, dass Cartwright und Cooper von einem sogenannten „cultural fit" zwischen Unternehmen ausgehen. Schon zu Beginn möglicher M&A Überlegungen sollten dementsprechende Untersuchungen angestellt werden um potenzielle Konflikte in der Integrationsphase zu vermeiden. Stellt sich etwa heraus, dass zwei Organisationen vom Standpunkt der Typologie nicht zusammenpassen, dann sollte man in letzter Konsequenz eine M&A Transaktion nicht durchführen.[132]

---

[130] Cartwright/Cooper, Managing mergers, 40
[131] Cartwright/Cooper, The role of culture compatibility, 64
[132] Cartwright/Cooper, Mergers and acquisitions, 77

5.1.3 Das Modell der Kulturähnlichkeiten nach von KELLER

Keller geht davon aus, dass das Konfliktpotenzial mit dem Grad der Zusammenarbeit von zwei Unternehmen steigt. Neben einer Normalsituation beschreibt Keller zwei Konstellationen, die er als Problemsituationen einstuft und welche durch drastische Kultur- und Strategieänderungen ausgelöst werden.[133] Als problematischsten Fall bezeichnet er die totale Verschmelzung, bei der Kultur, Struktur, Organisation, Aufgaben und Verantwortlichkeiten komplett neu verteilt oder zumindest angepasst werden müssen.[134]

Um einem letztendlichen Scheitern einer M&A Transaktion entgegenzuwirken, muss bereits in der Planungsphase (Pre-Merger Phase) damit begonnen werden, die Situation zu analysieren und geeignete Maßnahmen zu entwickeln. Laut Keller müssen diese Überlegungen bereits bei der Auswahl des Akquisitionsobjekts einfließen, denn nur dort wo zusätzlich zu den anderen Anforderungen auch eine ähnlich Ausrichtung der Unternehmenskulturen gibt, kann auch in Zukunft wieder eine konsistente Unternehmenskultur entstehen.[135] Dabei geht er davon aus, dass das Entstehen einer gemeinsamen Unternehmenskultur immer das oberste Ziel ist. Auch er definiert vier Varianten der Zusammenführung von Unternehmenskulturen:[136]

- Die Kombination aller Elemente aus beiden Unternehmenskulturen, wobei dies nur bei sehr ähnlichen Kulturen möglich erscheint
- Der Fortbestand der einen oder der anderen Unternehmenskultur, was aber häufig zu Integrationsproblemen führt, da es zu einer Dominanz einer einzelnen Kultur kommen kann
- Die Kombination bestimmter Elemente aus jeder Kultur zur Erschaffung einer optimierten Drittkultur
- Die Entwicklung einer neuen Unternehmenskultur, wobei diese nur beim Zusammentreffen von zwei generell schwachen Kulturen ist

Für welche Variante auch immer man sich letzten Endes entscheidet; es gilt laut Keller bereits frühestmöglich festzulegen wie man im Zuge der Integrationsphase vorgehen will.

---

133 von Keller, Management in fremden Kulturen, 256
134 Ebenda, 256
135 Ebenda, 261

5.1.4 Das Akkulturationsmodell nach NAHAVANDI/MALEKZADEH

Nahavandi/Malekzadeh identifizieren drei Phasen, welche den Akkulturationsprozess auslösen: die Kontakt-, die Konflikt und die Adaptionsphase. Der Akkulturationsprozess beginnt somit mit der Kontaktphase, entwickelt sich über die Konfliktphase hin zur Adaptionsphase. In der Adaptionsphase gibt es vier Ausprägungsformen (Akkulturationsformen) wie eine Integration ablaufen kann. Die Auswahl der Form – sofern man eine Wahl hat - hängt von den strategischen Zielen und auch von der Art, wie sich die beiden Unternehmen gegenüberstehen, ab.[137]

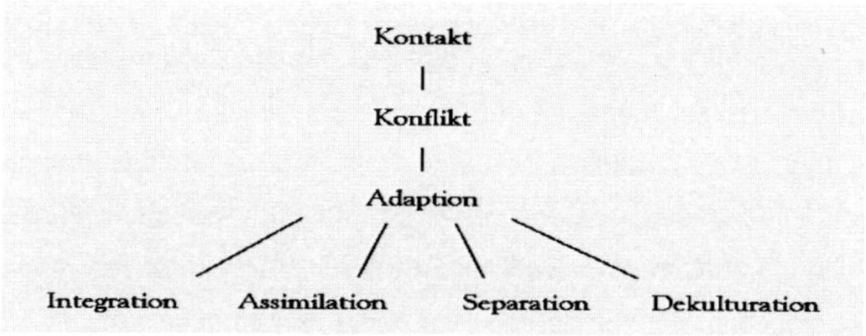

Abbildung 10: Zeitlicher Ablauf der Akkulturation[138]

Die Kontaktphase beinhaltet ein gegenseitiges Kennenlernen und ist Gekennzeichnet durch einen kulturellen Anpassungsprozess. Die Konfliktphase zeigt jene Probleme auf, die entstehen können, wenn Organisationskulturen aufeinander treffen, was in den meisten Fällen nicht ohne Widerstand funktionieren wird. In der Regel gibt niemand freiwillig seine gewachsene und gewohnte Unternehmenskultur auf. In der Adaptionsphase sollen nun diese Widerstände beseitigt werden um schlussendlich einen gemeinsamen Wege beschreiten zu können. [139]

Der Grad der Übereinstimmung der Unternehmenskulturen bestimmt laut Nahavandi und Malekzadeh den Ablauf einer M&A Transaktion. Auf Basis einer Situationsanalyse soll dann die passende Akkulturationsform ausgewählt werden, um Akkulturationsstress sowie organisatorischen Widerstand zu vermeiden. Die ausgewählte Integrationsform bestimmt, in welcher Art und Weise beide

---

[136] Ebenda, 262ff
[137] Nahavandi/Malekzadeh, Acculturation in Mergers and Acquisitions, 84
[138] Schanne, Gestaltung der kulturellen Integration bei Unternehmenszusammenschlüssen, 43
[139] Schanne, Gestaltung der kulturellen Integration bei Unternehmenszusammenschlüssen, 43

Unternehmen künftig verbunden sein werden.[140] Es lassen sich somit die bereits erwähnten vier Akkulturationsformen unterscheiden:[141]

Bei der ***Integration*** kommt es zu einer teilweisen Eingliederung des übernommenen Unternehmens in die Organisationskultur des akquirierenden Unternehmens. Das übernommene Unternehmen behält jedoch Teile der bestehenden kulturellen und strukturellen Kulturbestandteile. Im Endeffekt übt keines der involvierten Unternehmen eine Art kulturelle Dominanz aus, da eine gemeinsame neue Struktur aufgebaut wird, die auf den Kernelementen der beiden bestehenden Kulturen basiert.

Bei der ***Assimilation*** kommt es zu einer gänzlichen Aufgabe der Organisationkultur im übernommenen Unternehmen. Es kommt in weiterer Folge zu einer kompletten Anpassung an das Käuferunternehmen, wodurch eine sogenannte Einheitskultur entsteht. Dies bedingt jedoch die vollständige Kooperation der übernommenen Gesellschaft und Akzeptanz der neuen Kultur. Diese Art der Akkulturation scheint nur dann erfolgsversprechend zu sein, wenn die herrschende Kultur im übernommenen Unternehmen als insuffizient eingestuft wird. Das würde zur Folge haben, dass die neue unternehmenskulturelle Identität auf eine weite höhere Akzeptanz stoßen wird.

Bei der ***Separation*** will das übernommene Unternehmen die eigene Identität, die existierende Kultur und die bisher gültige Organisationsstruktur behalten/bewahren. Bei dieser Art der Akkulturation würde das übernommene Unternehmen in gewisser Form autonom weitergeführt werden. Lediglich auf finanzieller Ebene und geringfügig in anderen Bereichen würde es zu einer Zusammenarbeit zwischen den beiden Unternehmen kommen.

Bei der ***Dekulturation*** entsteht eine besonders unangenehme Situation, da das übernommene Unternehmen zwar die Organisationskultur des Käuferunternehmens ablehnt, aber auch die eigene Kultur als unzureichend einstuft. Diese Situation kann besonders konfliktreich sein, da diese dazu führt, dass sich die betroffenen Organisationsmitglieder mit einer gewissen Ausweglosigkeit konfrontiert sind, die letztendlich zu Entfremdung und Identitätsverlust führt.

---

[140] Nahavandi/Malekzadeh, Acculturation in Mergers and Acquisitions, 79f

Nahavandi und Malekzadeh gegen davon aus, dass der Integrationserfolg nicht über den Grad der Übereinstimmung bei den Kulturen erzielt wird, sondern über den Grad der Einigung über die Akkulturationsform. Je höher der Grad der Übereinstimmung, desto größer die Chance auf ein Ausbleiben von Konfliktsituationen, denn mit der Verringerung des Akkulturationsstresses steigt die Wahrscheinlichkeit einer problemlosen Integration.[142]

5.2 Kritische Würdigung der Modelle

Alle vorgestellten Modelle haben gemeinsam, dass sie die Unternehmenskultur als einen entscheidenden Faktor bei der Integrationsarbeit würdigen, der durchaus für das Scheitern von einer M&A Transaktionen verantwortlich sein kann. Trotzdem unterscheiden sich die beschriebenen Modelle durchwegs bereits in den Basisannahmen voneinander; auch die Entscheidungsgrundlagen für diverse Integrationskonstellationen unterscheiden sich deutlich. Es erscheint mir wichtig zu erwähnen, dass es bereits bei der Modellbasis wesentliche Unterschiede gibt. Buono/Bowditch beziehen sich bei ihren Hypothesen auf Erfahrungswerte, Cartwright/Cooper verwenden für ihre Aussagen Fallbeispiele, Kellers Analysen und Aussagen basieren analog zu Nahavandi/Malekzadeh auf empirischen Untersuchungen. Obwohl Cartwright/Cooper Fallbeispiele kreierten, ist es bis heute das einzige Modell, das auch empirisch bewiesen werden konnte.[143]

Ich persönlich denke, dass die Annahmen und Ergebnisse der Modelle jedenfalls ihre Berechtigungen haben; letztendlich werden in der Praxis M&A Entscheidung aber sicher nicht durch unterschiedliche Unternehmenskulturen verhindert. Wie man an zahlreichen Beispielen sehen kann, erfolgen Fusionen oder M&A Transaktionen auf Basis wirtschaftlicher Grundüberlegungen und nicht auf Basis passender Unternehmenskulturen. Selbst wenn sich im Zuge einer Cultural Due Diligence – sollte sie tatsächlich durchgeführt worden sein – herausstellen sollte, dass beide involvierte Unternehmen und deren Kulturen zu verschiedenartig sind, wird diese im Normalfall nicht zu einem Scheitern Transaktion führen. Meinem Verständnis nach muss dies auch gar nicht zwingend der Fall sein; schon das Bewusstsein um die Unterschiede und das Vorhandensein von verschiedensten Integrationsmodellen

[141] Nahavandi/Malekzadeh, Acculturation in Mergers and Acquisitions, 79f
[142] Nahavandi/Malekzadeh, Acculturation in Mergers and Acquisitions, 83

ermöglicht einen professionellen Umgang mit dieser Situation. Dementsprechend stellen die vorgestellten Modelle für mich persönlich Handlungsanweisungen dar, wie man bei der Integrationsarbeit vorgehen sollte, wenn verschiedenste Kulturkonstellationen aufeinander treffen. Das macht diese Modelle wiederum praxisnahe, denn anhand der Ergebnisse einer Cultural Due Diligence kann man die kulturelle Situation in der zu übernehmenden Organisation durchwegs korrekt einschätzen um auf Basis der theoretischen Modelle die Integrationsschritte zu planen und durchzuführen.

Dem Grunde nach zeigen alle vorgestellten Modelle nahezu idente Integrationsformen auf; der Unterschied liegt in der Entscheidungsgrundlage und im Zustandekommen der verschiedenen Konstellationen. Daraus schließe ich für mich, dass jede Integration individuell geplant werden muss und es somit keine Festlegung auf eines der Modelle geben sollte.

[143] Stahl/Mayrhofer/Kühlmann, Internationales Personalmanagement, 65

6 Erfolgsfaktoren und Handlungsempfehlungen für die kulturelle Integration

Dieses Kapitel stellt sozusagen den praktischen Teil dieser Arbeit dar. Ziel ist es, theoretische Handlungsempfehlungen zu dokumentieren und diese mit meiner bisherigen praktischen Erfahrung zu kombinieren. Da viele dieser Erfolgsfaktoren nicht zeitlich abgeschlossen sondern vielfach nebeneinander ablaufen, stellt die Aufzählung dieser Punkte keine chronologische Ablaufempfehlung dar.

6.1 Erfolgsfaktoren

Picot zählt für den erfolgreichen Integrationsablauf folgende generelle „harte“ und „weiche“ Erfolgsfaktoren auf:[144]

- *Sorgfältige Vorbereitung, Koordination und Kontrolle des Integrationsprozesses an sich*
- *Kultur*
- *interne Organisation*
- *Produktion und Logistik*
- *IT-System*
- *Kommunikation*
- *Schlüssel-Mitarbeiter und Management*
- *Kunden und Co-Produzenten*
- *Wissensmanagement*

Unabhängig von der kulturellen Integration lassen sich daraus für den gesamten Integrationsprozess Aufgabenstellungen ableiten, die sowohl auf nationaler als auch auf internationaler Ebene ihre Gültigkeit haben:[145]

- Ziele der Transaktion müssen durch offene und klare Kommunikation allen Mitarbeitern verständlich kommuniziert werden
- Frühestmögliche Bildung und Benennung von Mittel- und Topmanagementpositionen

[144] Picot/Bäzner, Handbuch Mergers & Acquisitions, 22
[145] Picot/Bäzner, Handbuch Mergers & Acquisitions, 22f

- Definition und Umsetzung von Visionen
- Integration der Unternehmenskulturen unter Berücksichtigung nationaler Stärken und bestehender nationaler Kulturen
- Schaffung einer neuen Corporate Identity
- Vermeidung einer Verstärkung des nationalen Bewusstseins bei grenzüberschreitenden Transaktionen

Daraus wiederum kann für mich der Schluss gezogen werden, dass die Basis für das Gelingen einer Integration ein strukturiertes Vorgehen und die Erarbeitung einer Umsetzungsstrategie bereits von Beginn an ist.

In einer im Jahr 2008 durchgeführten Integrationsstudie von A.T. Kearney wurden M&A erfahrene Unternehmen zu denen aus ihrer Sicht wesentlichen Erfolgsfaktoren für eine erfolgreiche Integration befragt.

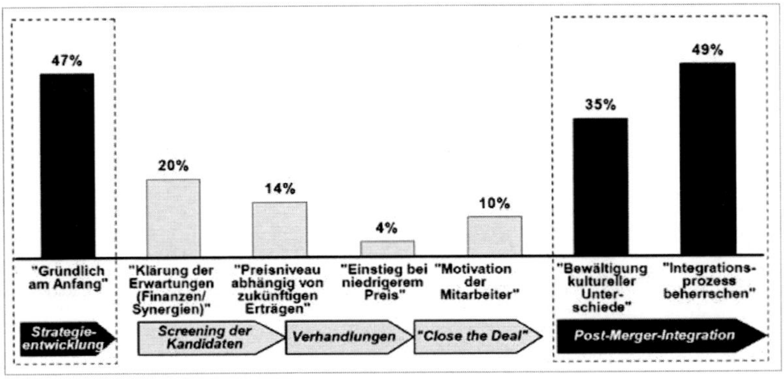

Abbildung 11: Erfolgsfaktoren - Integration nach M&A[146]

Die Studie bestätigt die Grundaussagen dieser Arbeit dahingehend, dass eine gründliche Planung am Beginn und ein strukturiertes Vorgehen bei der Integrationsarbeit in der Post-Merger Phase in Kombination mit einem starken Fokus auf die kulturelle Integrationsarbeit die Basis für eine erfolgreiche Integration darstellen.

[146] Beitrag auf www.atkearney.at, Unternehmenskauf in Osteuropa, link: http://www.atkearney.at/content/misc/wrapper.php/id/49970/name/pdf_4717w_management_club_wien_v2_1201871173b1ac.pdf, 2.8.2012

Im Folgenden möchte ich nun auf jene Erfolgsfaktoren eingehen, die wesentlich zu einem Gelingen der kulturellen Integration beitragen. Obwohl „Kultur“ unter Picot als eigenständiger Erfolgsfaktor aufgezeigt wird, werden sich einige andere „harte“ und „weiche“ Faktoren darunter befinden, denn nur in Kombination mit anderen kann eine kulturelle Integration optimal gelingen.[147]

6.1.1 Integrationsmaßnahmen individuell entwickeln

Wurde der Kaufvertrag unterzeichnet, dann muss alles sehr schnell gehen. In den vorangegangenen Kapiteln wurde mehrfach aufgezeigt, wie wichtig die Planung der Integrationsmaßnahmen bereits in der Phase vor der Vertragsunterzeichnung ist. Obwohl in einer bei europäischen Managern durchgeführten Umfrage unter „lessons learned“ *„keine adäquate Integrationsplanung“* als Hauptursache für das Scheitern der Integration genannt wurde, zeigt sich in der Praxis kaum ein Umdenken diesbezüglich. Nur 20 % der befragten Personen gaben an, dass sie bereits im Vorfeld der M&A Transaktion eine Planung der Integrationsschritte durchführen.[148]

Trotzdem gehe ich von einer optimalen Situation aus und treffe die Annahme, dass im Vorfeld Strategien zumindest skizziert wurden. Damit diese auch professionell umgesetzt werden können, bedarf es individueller Integrationskonzepte. Unter individuell verstehe ich ein auf die vorab definierte Integrationsstrategie maßgeschneidertes Integrationsvorgehen.

6.1.1.1 Schlagkräftige Projektorganisation aufsetzen

Die Vielfältigkeit der Integrationsaufgaben lassen sich nur selten mit der bestehenden Regelorganisation bewerkstelligen. Die Durchführung einer Integration sollte durch eine separate und klar strukturierte Projektorganisation erfolgen:

- Lenkungsausschuss[149]

Kann als das zentrale Entscheidungsgremium einer Organisation zur Steuerung eines Projektes, in unserem Fall eines Integrationsprojektes nach einer wesentlichen M&A Transaktion, angesehen werden. Je nach Größe und Wichtigkeit des Projektes

---

[147] Picot/Bäzner, Handbuch Mergers & Acquisitions, 22
[148] Hubbard, Acquisition –Strategy and Implementation, 136f
[149] Beitrag auf www.projektmagazin.de, Der Lenkungsausschuss, link: http://www.projektmagazin.de/glossarterm/lenkungsausschuss, 4.8.2012

sind „Top Level“ Führungskräfte aus beiden Unternehmen Teil dieses Gremiums, da dort strategische Ausrichtungen und richtungsweisende Entscheidungen getroffen werden.

- Integrationsmanager

Der Integrationsmanager sollte ein Projektmanagementexperte sein, der beide Organisationen bereits gut kennt. In weiterer Folge koordiniert er die Integrationsaufgaben und damit letztendlich das Integrationsbüro und die Integrationsteams.[150] Er muss vom Konzernvorstand mit einer gewissen Autorität ausgestattet sein um Vorgaben rasch umsetzen zu können und in weiterer Folge auch direkten Einfluss auf das (neue) Management im übernommenen Unternehmen ausüben zu können.

Es wurde angeführt, dass der designierte Integrationsmanager beide Organisationen kennen sollte; dies ist meines Erachten aber im Normalfall überhaupt nur dann möglich, wenn die Ernennung bereits in der Pre-Merger Phase erfolgt und die Person somit in den gesamten Prozess der M&A Transaktion von Beginn an involviert ist.

- Integrationsbüro

Ein Integrationsbüro forciert und koordiniert die Umsetzung der Integrationsmaßnahmen durch die Integrationsteams und bereitet mitunter auch das Berichtswesen an den Lenkungsausschuss und andere relevante Stakeholder vor.
Um diese Aufgaben zu bewältigen gilt es einen Masterplan zu entwickeln, der sämtliche Integrationsprojekte, Ziele und Verantwortlichkeiten beinhaltet. Dieser Plan muss in regelmäßigen Abständen aktualisiert werden um immer einen aktuellen Status der Maßnahmenerarbeitung, -umsetzung und der Fälligkeitstermine zu haben. Im Falle eines umfangreicheren Integrationsprojektes kann das Integrationsbüro auch für die Entwicklung von Kommunikationsstrategien oder die Klärung offener Fragen im Zusammenhang mit Personal- oder Organisationsbereich eingesetzt werden.[151]

- Integrationsteams

[150] Picot/Bäzner, Handbuch Mergers & Acquisitions, 548f
[151] Picot/Bäzner, Handbuch Mergers & Acquisitions, 548

Je nach Ausprägung einer M&A Transaktion können mitunter mehr als 70 individuelle Integrationsteams gleichzeitig im Einsatz sein; im Normalfall liegt die Zahl der Teams bei ca. 10.[152] Wie bereits erwähnt hängt die Ausrichtung und Organisation wieder von der Anzahl der M&A Transaktion im Konzern ab. Handelt es sich um mehrere große Transaktionen, dann können die Teams auf Geschäftsbereiche und Regionen ausgerichtet werden; gilt es hingegen z.B. eine einzige große Integration durchzuführen, dann kann das Integrationsteam direkt vor Ort durch das Integrationsbüro koordiniert werden.

Dadurch, dass die Mitglieder der Integrationsteams ständig Kontakt zu Mitarbeitern der übernommenen Organisation haben, muss ihnen bewusst gemacht werden, dass sie einen wesentlichen Teil der zwischenmenschlichen und kulturellen Integrationsarbeit leisten. Ihr Verhalten wird von der gesamten Organisation bewertet und kann im schlimmsten Fall zu einer Ablehnung und zu Widerständen führen. Ich betrachte die Mitglieder der Integrationsorganisation als „Botschafter des Konzerns“, welche die Kultur und die Werte in das neue Konzernmitglied tragen sollen.

Zum Schluss möchte ich nochmals darauf hinweisen, dass die Ausprägung der Integrationsorganisation stark von der Expansionstätigkeit des Mutterhauses abhängt. Handelt es sich um eine einzelne Übernahme, dann wird sich meiner Ansicht nach die Integrationskoordination eher im übernommenen Unternehmen abspielen. Das bedeutet für mich, dass der Integrationsmanager mehrheitlich vor Ort die Koordination durchführen wird und gemeinsam mit dem Integrationsteam arbeiten wird. Handelt es sich hingegen eher um ein expansives Unternehmen, dass zeitgleich mehrere internationale M&A Transaktionen durchführt, dann wird die Gesamtorganisation für das Integrationswesen eher zentral organisiert sein und mittels dezentralen Koordinatoren und Teams die Integrationsaufgaben bewältigen.

6.1.1.2 Projektmanagementtools auswählen und etablieren

Alle Pläne und Maßnahmen müssen nicht nur definiert und ausgearbeitet werden; der darin geplante Fortschritt und das damit verbundene Erreichen von Zielen muss auch evaluiert und überprüft werden. Dazu eignen sich zwei Maßnahmen:[153]

[152] Picot/Bäzner, Handbuch Mergers & Acquisitions, 551
[153] Picot/Bäzner, Handbuch Mergers & Acquisitions, 553

- Umsetzungscontrolling – liegen einzelne Maßnahmen, Projekte oder das gesamte Programm zeitlich wie inhaltlich im Plan; wann wurden welche Ziele erreicht

- Effektcontrolling - haben sich geplante monetäre Synergieeffekte bereits eingestellt; wann werden einzelne Maßnahmen ergebniswirksam

Diese Vielzahl von Daten kann realistisch gesehen nur über standardisierte Reportingstrukturen erfolgen; letztendlich muss sichergestellt werden, dass das Integrationsbüro, der Integrationsmanager und schlussendlich der Lenkungsausschuss immer einen aktuellen Überblick über den Integrationsstatus haben. In den meisten Fällen werden hierfür webbasierte Projektmanagementtools verwendet, die nach Eingabe der Daten eine automatisierte Analyse ermöglichen.

Anhand meiner praktischen Erfahrungen möchte ich zu diesem Punkt anmerken, dass er zwar inhaltlich logisch erscheint, sich die praktische Ausgestaltung jedoch schwierig gestaltet. Insbesondere das Effektcontrolling setzt voraus, dass jeder Maßnahme auch tatsächlich ein monetärer Wert zugeordnet wurde. Dies gestaltet sich in der Praxis als schwierig und endet oft in eher groben Schätzungen. Letztendlich werden viele Maßnahmen einfach aus der Erfahrung heraus umgesetzt, die ihren Mehrwert – auch wenn dieser bei der Planung noch nicht beziffert werden kann – nach Abschluss der Umsetzungsphase definitiv generieren werden.

6.1.1.3 Kommunikationsstrategie erarbeiten

Bevor ich mit der Analyse über die Notwendigkeit einer Kommunikationsstrategie beginne, möchte ich das weltbekannte erste Axiom von Paul Watzlawick verwenden, das die Grundlage für jede weitere Maßnahme darstellen muss:[154]

„Man kann nicht nicht kommunizieren, denn jede Kommunikation (nicht nur mit Worten) ist Verhalten und genauso wie man sich nicht nicht verhalten kann, kann man nicht nicht kommunizieren".

[154] Beitrag auf www.paulwatzlawick.de, Die Axiome von Paul Watzlawick, link http://www.paulwatzlawick.de/axiome.html, 5.8.2012

Aktive geführte Kommunikation stellt einen Schlüsselfaktor beim Gelingen einer Integration dar. Diese Kommunikation muss jedoch fundiert und durchgängig geplant ablaufen.[155] Sämtliche Stakeholder müssen zum jeweils richtigen Zeitpunkt in der richtigen Art und Weise und in der richtigen Dosis mit Informationen versorgt werden. Bleibt diese gezielte und geplante Informationspolitik aus, kommt es zu einem unkontrollierbaren Informationsaustausch, der unabsehbare Folgen haben kann. Einmal in die Welt gesetzte Falschmeldungen und Fehlinformationen können zu einem Vertrauens- und Motivationsverlust führen, die sich direkt auf die Produktivität aber auch auf den Erfolg der Integrationsarbeit niederschlagen.[156]

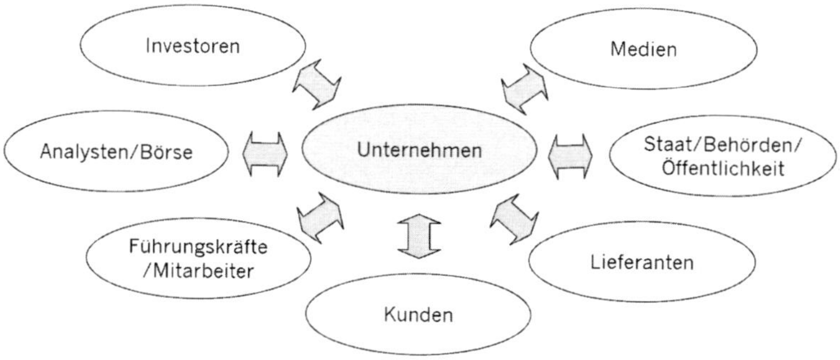

Abbildung 12: Aktive und wechselseitige Kommunikation mit allen Stakeholdern[157]

Es gilt zu beachten, dass die Kommunikation bereits in der Post-Merger Phase beginnt; nach dem Closing der Transaktion kommt es klarerweise zu einer Intensivierung dieser. Alle Stakeholder Gruppen müssen individuell und mit unterschiedlichsten Schwerpunkten über die neuen Eigentümer- und Führungsstrukturen, die Ziele dieser M&A Transaktion, die zukünftige Strategie, erwartete Effekte und gegebenenfalls auch über mögliche Restrukturierungsschritte informiert werden.[158]

---

[155] Beitrag auf www.contrast-consulting.com, Post Merger Integration, link: http://www.contrast-consulting.com/fileadmin/user_upload/press_file/Post_Merger_Integration.pdf, 8.8.2012
[156] Picot/Bäzner, Handbuch Mergers & Acquisitions, 624
[157] ebenda
[158] Beitrag auf www.contrast-consulting.com, Post Merger Integration, link: http://www.contrast-consulting.com/fileadmin/user_upload/press_file/Post_Merger_Integration.pdf, 8.8.2012

Deshalb empfiehlt es sich bereits möglichst früh zu entscheiden, wer mit der Erarbeitung eines Kommunikationskonzeptes betraut wird. Es hat sich durchaus bewährt, bereits frühzeitig eine einheitliche Sprachregelung zu treffen und sich auf einige wenige Kernbotschaften zu konzentrieren: „*Warum war die Fusion sinnvoll? Was bringt sie den involvierten Unternehmen? Was wird sich für die Stakeholder ändern?*“[159]

Ein wesentliches Augenmerk bei den Kommunikationsmaßnahmen hat der internen Kommunikation zu gelten. Es kommt nicht selten vor, dass Mitarbeiter von einer sie betreffenden Übernahme durch die Medien erfahren und nicht direkt von der Unternehmensführung. Speziell in den ersten Monaten muss die Information der Führungskräfte und Mitarbeiter im Vordergrund der Kommunikationsmaßnahmen stehen. Es empfiehlt sich daher folgende Kommunikationsregeln in der Integrationsphase zu beachten:[160]

- Direkte und interaktive Kommunikation mit allen Beteiligten über Gespräche, Mitarbeitermagazine, Intranet, Workshops und Großgruppenveranstaltungen
- Interne Kommunikation soll vor externer Kommunikation erfolgen
- Kommunikationsmaßnahmen der jeweiligen Zielgruppe anpassen
- Glaubwürdige, ehrliche und klare Kommunikation auch im Falle sensibler Punkte, denn die Wahrheit ist den Menschen zumutbar
- Kommunikation der Wertschätzung für die übernommenen Mitarbeiter

6.1.2 Effektivität der neuen Organisation sicherstellen

Die Basis für die Umsetzung sämtlicher Integrationsmaßnahmen ist eine starke Führungs- und Organisationsstruktur. Das heißt vor Beginn der Integration muss idealerweise die künftige Führungsstruktur sowie deren personelle Besetzung festgelegt sein. Im Idealfall erfolgt die Festlegung für das Topmanagement und gegebenenfalls auch bereits für die erste und zweite Ebene bereits in der Pre-Merger Phase oder bis spätestens zum Closing der M&A Transaktion.[161]

---

[159] Picot/Bäzner, Handbuch Mergers & Acquisitions, 554
[160] Beitrag auf www.contrast-consulting.com, Post Merger Integration, link: http://www.contrast-consulting.com/fileadmin/user_upload/press_file/Post_Merger_Integration.pdf, 9.8.2012
[161] Beitrag auf www.contrast-consulting.com, Post Merger Integration, link: http://www.contrast-consulting.com/fileadmin/user_upload/press_file/Post_Merger_Integration.pdf, 6.8.2012

Für die Unternehmensführung und den Integrationsmanager stellen sich einige eng miteinander verbundene Aufgaben, deren Vernachlässigung den gesamten Integrationserfolg nachhaltig gefährden kann.[162]

6.1.2.1 Neues Führungsteam auf eine Linie einschwören

Wurde das neue Führungsteam installiert, muss für Motivation und Engagement gesorgt werden. Das Topmanagement der übernommenen und zu integrierenden Firma hat die verfolgten Visionen zu kommunizieren, das Leitbild vorzuleben und somit eine Vorbildfunktion für alle Mitglieder der Organisation zu übernehmen (zum Thema Vision und Leitbild siehe Kapitel 6.1.3).[163]

Leider kommt es in der Praxis häufig vor, dass nur selten alle Topmanager eines Unternehmens eine einheitliche Linie verfolgen. Gründe für dieses Verhalten gibt es viele; sie reichen von divergierenden persönlichen Zielen bis zu unklaren Geschäftsprioritäten. Letztendlich führen alle Gründe zum selben Ergebnis: *„mangelnde Abstimmung, langwierige Entscheidungsprozesse und unzureichendes Leistungsniveau“*.[164] Es zeigt sich, dass erfolgreiche Unternehmen besonderes Augenmerk auf die Auswahl des zukünftigen Managements für das zu integrierende Unternehmen legen.[165]

Um eine Ausrichtung auf gemeinsame Ziele zu erreichen, bieten sich Interviewrunden oder Konsensworkshops mit den kompletten Mitgliedern des Topmanagements an. Ablauf, Inhalt und auch Dauer hängen dabei jedoch stark von den zu Beginn vorhandenen Vorstellungen der Führungskräfte ab, die – wie bereits erwähnt - stark voneinander abweichen können. Ziel dieser Veranstaltungen ist es letztendlich, dass das Management zu einem eingeschworenen Team zusammenwächst, welches gemeinsam dieselben Ziele verfolgt. Jedes Mitglied soll am Ende seine Rolle im Team kennen und insbesondere welchen Beitrag es zur Zielerreichung zu leisten hat.[166]

---

[162] Picot/Bäzner, Handbuch Mergers & Acquisitions, 543
[163] Gerds/Schewe, Post-Merger-Integration, 114
[164] Picot/Bäzner, Handbuch Mergers & Acquisitions, 543
[165] Gerds/Schewe, Post-Merger-Integration, 181
[166] Picot/Bäzner, Handbuch Mergers & Acquisitions, 544

6.1.2.2 Neue Organisationsstrukturen rasch festlegen

Das Festlegen einer neuen Organisationsstruktur und die Integration dieser in den neuen Konzernverbund stellen ein weiteres großes Kapitel der Post-Merger Integrationstätigkeit dar; aufgrund der Vielschichtigkeit möchte ich nur kurz darauf eingehen.

M&A Transaktionen stellen einen bedeutenden unternehmensexternen Auslöser dar, die mitunter Veränderungen in der Organisation der involvierten Unternehmen notwendig machen. Es kommt in Folge zu einer Integration von bisher getrennten Unternehmensteilen, Organisationseinheiten oder ganzer Unternehmen. Daraus wiederum resultieren vielfältige Integrationsaufgaben und Handlungsfelder des Integrationsmanagements.[167] Prinzipiell stellt sich eine organisatorische Zusammenführung von verschiedenen Organisationsstrukturen mit teils stark abweichenden Prozessen als sehr aufwendig dar. Alleine schon deshalb gilt es den Umfang der Zusammenführung bereits im Vorfeld abzuklären.[168] In Abhängigkeit zum angestrebten Integrationsgrad ist es nicht immer erforderlich, eine vollständige Verschmelzung zwischen zwei Organisationsstrukturen herbeizuführen. Es gilt jedoch, dass die Ausprägung der angestrebten Synergierealisierung zu einem höheren Integrationsgrad und damit zu einer stärkeren Organisationsintegration führt.[169]

Daraus lässt sich für mich wieder die Wichtigkeit der Pre-Merger Phase erkennen, da ich bereits bei der Vertragsunterzeichnung ein sehr detailliertes Bild über die Zukunft der beiden Unternehmen haben muss. Im Idealfall verfügt das übernehmende Unternehmen bereits am Tag 1 nach der Vertragsunterzeichnung über ein Konzept zur Organisationsumgestaltung sowie über die zukünftigen Führungskräfte.[170]

Beim Festlegen der neuen Organisationsstruktur gilt jedoch, dass die organisatorische Autonomie eng mit der Identifikation der Mitarbeiter mit ihrem Unternehmen verknüpft ist. Verliert das eigene Unternehmen durch die Reorganisation an Eigenständigkeit, dann führt dies in den meisten Fällen bei den betroffenen Mitarbeitern zu verringerter Motivation und einem abfallenden

---

[167] Brehm/Hackmann, Gestaltung von Unternehmensintegration, 1f
[168] Wirtz, Mergers & Acquisitions Management, 298
[169] Wirtz, Mergers & Acquisitions Management, 304

Leistungswillen. Um letztendlich die strategische Fähigkeit des übernommenen Unternehmens zu bewahren, ist darauf zu achten, dass sich die Autonomie, die durch die neue Organisationsstruktur und Unternehmenskultur gegeben wird, nicht negativ auf die Motivation der Mitarbeiter auswirkt.[171]

6.1.2.3 Bindung und Einbindung der Kernmitarbeiter

Es herrscht im Großen und Ganzen durchwegs Einigkeit unter den verschiedensten Fachautoren über die Wichtigkeit für den kulturellen Integrationsprozess, die Kernmitarbeiter zu identifizieren, diese in die Entscheidungsprozesse einzubinden und letztendlich an das Unternehmen zu binden. Zum einen tragen sie die neue Organisation durch die eigene Performance; zum anderen motivieren sie ihr Umfeld durch ihre fachliche wie persönliche Kompetenz. Kernmitarbeiter leisten einen wesentlichen Beitrag zum Integrationserfolg, da sie durch ihr vorbehaltloses Agieren bestehende Integrationsbarrieren überwinden.[172]

Genau diese Eigenschaften machen die Kernmitarbeiter für den Integrationsprozess so wertvoll, weshalb diese Personen nicht nur zur Aufrechterhaltung des Geschäftsbetriebes eingesetzt werden sondern durchaus auch mit speziellen Aufgaben der aktiven Kommunikation und Vermittlung neuer Leitlinien oder der Unterstützung des Konflikt- oder Eskalationsmanagements betraut werden.[173]

Nicht immer sind diese Kernmitarbeiter bereits zu Beginn der Tätigkeit identifiziert; hierfür bietet sich an, dass Kompetenzportfolio der Mitarbeiter und Führungskräfte beider Unternehmen zu ermitteln. Die Auswahl kann dann durch Instrumente wie unterschiedlichste Assessment Verfahren oder Management Audits erfolgen.[174]

6.1.3 Kulturelle Integration aktiv angehen

Jede M&A Transaktion führt dazu, dass verschiedenste und oft autonome Unternehmenskulturen aufeinander treffen. Eine der Hauptgründe für das Scheitern einer Organisationszusammenführung liegt im „Nicht-Bewältigen“ der kulturellen

[170] Picot/Bäzner, Handbuch Mergers & Acquisitions, 544
[171] Haspeslagh/Jemison, Akquisitionsmanagement, 171
[172] Gerds/Schewe, Post-Merger-Integration, 58f
[173] ebenda
[174] Felder, Human Resources im M&A Prozess, 114f

Unterschiede.[175] Diese kulturelle Integration ergibt sich jedoch nicht von alleine; sprich ohne kulturelles Integrationsmanagement.[176] Selbstverständlich würden zwei existierende Organisationskulturen auch ohne kulturelles Integrationskonzept in irgendeiner Form zusammenfinden; ob dies dann letztendlich zu jenem erfolgreichen Szenario führt, das die Grundlage für eine M&A Transaktion war sei dahingestellt.

In den vorangegangenen Kapiteln wurde des Öfteren veranschaulicht, dass der Erfolg einer Integration letztendlich noch immer am Fehlen einer neuen und gemeinsam getragenen Unternehmenskultur scheitern kann, da sie als Klammer wirkt, die Verhaltensspielräume absteckt, gemeinsame Interpretations- und Entscheidungsmuster vorgibt und unterschiedlichste Denkweisen harmonisiert.[177]

Grundsätzlich gilt es ein frühzeitiges Verständnis für kulturelle Aspekte zu entwickeln. Hierbei sollen bestehende kulturelle Barrieren identifiziert und mit deren Abbau begonnen werden. Auf Basis der Diagnose sollten bereits geplante operative Integrationsaktivitäten mit Aktivitäten der kulturellen Integration kombiniert bzw. erweitert
werden. Die Zusammenführung von verschiedenen Unternehmenskulturen ist ein langwieriger Prozess; dieser erfordert die Entwicklung eines Maßnahmenkataloges zur Begleitung des Veränderungsprozesses.[178]

Nachdem in einem ersten Schritt die Integrationsstrategie und die Rahmenbedingungen für den gesamten Integrationsprozess (Projektorganisation und Projektmanagementtool) fixiert wurden, muss mit der kulturellen Integration – aktiv – begonnen werden.

6.1.3.1 Vertrauensaufbau und mentale Vernetzung

Der Vertrauensaufbau unter den Mitarbeitern der verschiedensten Organisationen und eine daraus resultierende mentale Vernetzung sollen den organisatorischen Wandel unterstützen.[179] Dies geschieht am besten durch Einbindung möglichst vieler Mitarbeiter aller Hierarchien beider Organisationen in Veränderungsprozesse.

---

175 Picot/Bergmann, Handbuch Mergers & Acquisitions, 377ff
176 Picot/Bäzner, Handbuch Mergers & Acquisitions, 545
177 ebenda
178 Picot/Bäzner, Handbuch Mergers & Acquisitions, 546
179 Picot, Handbuch Mergers &Acquisitions, 527

Dadurch sollen Vorurteile abgebaut werden; gleichzeitig nehmen Kreativität, Lernbereitschaft und Toleranz gegenüber anderen Ideen zu, was das Entstehen von Gemeinsamkeiten fördert. Letztendlich führen diese Maßnahmen dazu, dass ein vertrautes und oftmals freundschaftliches Verhältnis entsteht, wo die gemeinsame Zielerreichung im Vordergrund steht und die Bereitschaft zum Informationsaustausch steigt. Wenn alle involvierten Personen in die gleiche Richtung denken und handeln, dann ist die mentale Vernetzung geglückt. Als Erfolgsfaktoren hierfür gelten gemeinsame Ziele, ähnliche Wertvorstellungen, Verhaltensweisen und Entscheidungsmuster, die mit den Unternehmenszielen übereinstimmen.[180]

6.1.3.2 Gemeinsame Werte und Visionen formulieren/neues Leitbild erarbeiten

Das Leitbild kann als Grundgesetz eines Unternehmens definiert werden.[181] Es leitet sich aus den bei den weltweiten Mitarbeitern vorhandenen Werten und Einstellungen ab.[182] Zusätzlich beinhaltet es Ziele und Richtlinien, die richtungsweisend und orientierungsgebend sind und legt die Führungsgrundsätze für ein Unternehmen fest. Daneben dient es auch den Mitarbeitern und Stakeholdern zur Kommunikation der unternehmensspezifischen Werte und Normen. Letztendlich werden über das Leitbild Handlungsweisen legitimiert oder auch entsprechende Sanktionen bei Zuwiderhandlungen definiert. Draus abgeleitet kann man die Bedeutung eines durchdachten aber auch eines vernachlässigten Leitbildes nach einer M&A Transaktion erkennen.[183]

In der Literatur finden sich noch weitere Definitionen für den Begriff Leitbild. Mitunter kann das Leitbild als Konkretisierung einer Vision verstanden werden.[184] Eine Vision wiederum ist ein gereiftes Vorstellungsbild darüber, wie eine Organisation und sein näheres Umfeld in Zukunft aussehen sollen.[185] Aufbauend auf einer Vision sollen Mitarbeiter motiviert handeln und sich mit dem Unternehmen, dessen Werten und Normen identifizieren. Um das zu erreichen muss eine Vision jedoch immer glaubhaft sein und in gewisser Weise begeistern.[186]

---

[180] Picot/Bäzner, Handbuch Mergers & Acquisitions, 617
[181] Bickmann, Chance: Identität, 171
[182] Picot/Bäzner, Handbuch Mergers & Acquisitions, 619
[183] Bickmann, Chance: Identität, 171
[184] ebenda
[185] Lies/Vaih-Baur/Kleinjohann, Public Relations, 606
[186] Bickmann, Chance: Identität, 148

Mitarbeiter mit gleichen Wertvorstellungen beurteilen Sachverhalte ähnlich und sind auch in der Verständigung direkter und verständlicher. Dies führt zu einer Verringerung
der Reibungsverluste und minimiert den Koordinationsaufwand. Dies gewinnt insbesondere bei der länderübergreifenden Zusammenarbeit an Bedeutung. Leitbilder sind die Grundlage für gegenseitiges Vertrauen, denn ähnliche Werte sind die Basis für Stabilität und Kontinuität und damit eine der wesentlichsten Voraussetzungen für die Bindung von Mitarbeitern an ein Unternehmen.[187]

Nachfolgend wird nun in chronologischer Reihenfolge der Ablauf dargestellt, wie ein neues Leitbild erarbeitet werden kann:[188]

- Input-Referate durch Externe sollen Klarheit über Funktionen, Wirkungen,

  Erfolgsvoraussetzungen und die Vorgehensweise bei der Erarbeitung von Unternehmensleitbildern schaffen

- Bei der *Bildung von Projektteams* sollen Mitarbeiter aus allen Bereichen des Unternehmens einbezogen werden um einen breiten Informationsfluss sicherzustellen, der letztendlich alle Organisationsbereiche anspricht

- Zeitgleich *Bildung einer Leadgruppe*, die als oberste Instanz die Ergebnisse koordiniert

- Mit Hilfe von Fragebögen erfolgt eine *Datensammlung* innerhalb der Projektteams

- Die Ergebnisse der Befragungen werden zusammengefasst und analysiert und in weiterer Folge kommt es zu einer *Diskussion der Ergebnisse in den jeweiligen Projektteams*

- Analyse und *Diskussion der Ergebnisse in der Leadgruppe*

---

187 Picot/Bäzner, Handbuch Mergers & Acquisitions, 617
188 Matje, Unternehmensleitbilder als Führungsinstrument, 140ff

- Im Falle von Widersprüchen kommt es zu einer *Rückkopplung in die entsprechenden Projektgruppen*

- Unter Einbeziehung von externen Experten kommt es basierend auf den abgestimmten Ergebnissen innerhalb der Leadgruppe zu einer *konkreten Formulierung des Unternehmensleitbildes*

- Der vorliegende Entwurf des Leitbildes wird nun auf seine *Akzeptanz und Interpretation* geprüft; es kommt zu einer Diskussion des Entwurfes in den einzelnen Projektgruppen

- Unter Einbeziehung aller Anmerkungen kommt es zur Erstellung der Endfassung und zur *Verteilung und Erläuterung* an alle Betroffenen

Aus meiner eigenen Erfahrung weiß ich, dass es tatsächlich notwendig und von Vorteil ist, möglichst viele Mitarbeiter in die Erstellung eines Leitbildes miteinzubeziehen, da dadurch die Akzeptanz des Ergebnisses deutlich höher ist. Ich war selber Teil einer neuen Leitbilderstellung; es empfiehlt sich aus meiner Sicht sehr, diesen Prozess professionell zu planen und wie oben erwähnt externe Unterstützung in Anspruch zu nehmen. Auch die im letzten Punkt erwähnte „Verteilung an alle Betroffenen" sollte meiner Ansicht nach im Rahmen eines großen Mitarbeiterevents stattfinden, wo die gesamte Belegschaft auf das neue Leitbild eingeschworen wird. Ich bin überzeugt, dass nur im Rahmen eines Events der „Spirit", der von einem neuen Leitbild und neuen Visionen ausgeht, auf die Mitarbeiter übergehen kann.

6.1.3.3 Gewünschte Werte mit dem Unternehmensalltag vergleichen[189]

Das übernehmende Unternehmen verfolgt mit der getätigten Akquisition immer ein bestimmtes – letztendlich wirtschaftliches – Ziel und erwartet, dass die Mitglieder der übernommenen Organisation diese Ziele verinnerlichen, akzeptieren und auch unterstützen. Dieser Erwartungshaltung sollte im Vorfeld der Übernahme eine „Cultural Due Diligence" vorangegangen sein, deren Ergebnisse Auskunft über die gewünschten Werte versus den im Unternehmensalltag gelebten Werte geben

[189] Picot/Bäzner, Handbuch Mergers & Acquisitions, 618

können. Hat man bereits im Vorfeld oder auch erst in der täglichen Zusammenarbeit Unterschiede hinsichtlich der Werte erkennen können, so empfiehlt es sich möglichst rasch geeignete Maßnahmen zu ergreifen. Mittels Integrationsworkshops, welche die „relevanten" Mitarbeiter beider Unternehmen einbeziehen, können hier nachhaltige Ergebnisse erzielt werden. Dabei können innerhalb der Gruppen bestimmte Verhaltensweisen und auch individuelle Vorstellungen diskutiert werden. Solche Workshops sollen immer mit konkreten Maßnahmenplänen enden, die in weiterer Folge die Basis für die nächsten Termine bilden.

6.1.3.4 Gemeinsames Führungsverständnis schaffen

Ein sehr wirkungsvolles Instrument zur kulturellen Integration stellt die Schaffung eines gemeinsamen Führungsverständnisses dar. Zur optimalen Nutzung aller Synergie- und Optimierungspotenziale ist es unerlässlich, ein globales Führungskonzept zu erarbeiten. Hierbei sollte die Devise lauten: *„So global wie erforderlich, aber so lokal wie möglich"*. Letztendlich soll trotz aller lokaler Freiheiten die internationale Zusammenarbeit innerhalb der Organisationen auf eine gemeinsame Basis gestellt werden.[190]

Nur durch diese Schaffung einer gemeinsamen Basis kann sichergestellt werden, dass zukünftige Herausforderungen methodisch und koordiniert ablaufen.

6.1.3.5 Nachhaltiges Change Management etablieren

„Veränderungen im Unternehmen gelingen, wenn die Mitarbeiter mitgehen". Leider zeigt sich, dass immer dann, wenn Veränderungen anstehen, die meisten Mitarbeiter mit Stress darauf reagieren; interessanterweise ist dieses Verhalten unabhängig von der Hierarchieebene des jeweiligen Mitarbeiters anzutreffen.[191] Dieser Stress kann zu einer ablehnenden Haltung und in letzter Konsequenz zum Widerstand gegen den Veränderungsprozess führen. In der Theorie finden sich vier Grundsätze zum Thema organisatorische Veränderungen und darauf entfallenden Wiederstand und auch Anleitungen, wie man damit umzugehen hat:[192]

---

[190] Picot/Bäzner, Handbuch Mergers & Acquisitions, 618f
[191] Beitrag auf www.zeit.de, Change Management, link: http://www.zeit.de/karriere/beruf/2012-05/chefsache-changemanagement, 5.8.2012
[192] Doppler/Lauterburg, Change Management, 332f

Grundsatz 1: Keine Veränderung ohne Widerstand!

Wiederstand gegenüber Veränderungen ist prinzipiell etwas Normales und Alltägliches. Treten im Zuge eines Veränderungsprozesses keine Widerstände auf, dann kann das als Zeichen dafür gesehen werden, dass niemand an die Realisierung glaubt. Somit kann die Schlussfolgerung getroffen werden, dass nicht das Auftreten von Widerständen als kritisch betrachtet werden muss, sondern das Ausbleiben dieser Anlass zur Beunruhigung geben muss.

Grundsatz 2: Widerstand beinhaltet eine Botschaft

Widerstand gegen etwas Sinnvolles oder sogar Notwendiges hat immer mit irgendwelchen Bedenken, Befürchtungen und Ängsten zu tun. Somit liegen die Ursachen für Widerstände im emotionalen Bereich.

Grundsatz 3: Nichtbeachtung von Widerstand fördert Blockaden

Widerstand muss als Anzeichen dafür gesehen werden, dass die Rahmenbedingungen für einen reibungslosen Ablauf gemäß dem Planszenario nicht oder nicht geschaffen wurden. Dabei muss man beachten, dass die Erhöhung des Drucks auf die Mitarbeiter sofort zu verstärktem Gegendruck führt.

Grundsatz 4: Nicht gegen den Widerstand gehen

Nur durch das ernsthafte Beschäftigen mit den Argumenten des „Widerstandes“ kann dieser „gebrochen“ werden. Unterschwellige emotionale Energien müssen aufgenommen und sinnvoll kanalisiert werden. Es gilt den Druck wegzunehmen – dem Widerstand genügend Raum geben, Ursachen zu erforschen, den Dialog starten und mögliche Vorgehensänderungen vorzunehmen.

Auseinandersetzungen mit Mitarbeitern sind im Regelfall unausweichlich; nur ein professionelles Umgehen mit diesen Widerständen führt schlussendlich zu einem erfolgreichen und nachhaltigen Change Management. Nur wenn man diese Diskussionen als Chance begreift und auch bereit ist, geplante Änderungen aus der

Sicht der betroffenen Organisation zu sehen, wird sich mittelfristig Erfolg einstellen. Diese ganzheitliche Betrachtung ergibt oftmals neue und durchwegs bessere Lösungsansätze von denen das Unternehmen mehrfach profitiert: motivierte Mitarbeiter bringen sich ein und tragen das Ergebnis auch mit.[193]

Trotzdem muss klar sein, dass Change Management ein mittel- bis langfristiger Prozess ist, der immer unter dem Gesichtspunkt der Nachhaltigkeit gesehen werden muss. Der kulturelle Wandel ist ein Prozess, der auch nach der Beendigung der Integrationsarbeit weiterleben muss. Diese nachhaltige Kulturveränderung stellt sich dann ein, wenn Normen, Werte und Verhaltensweisen in die Standardprozesse und Leistungsbewertungssysteme einer Organisation integriert wurden.[194]

6.1.4 Laufende Einbeziehung in den Konzernverbund

Dieser Punkt ist mir bei meiner Literaturrecherche in dieser Form nicht untergekommen und trotzdem bin ich aus meiner eigenen Erfahrung davon überzeugt, dass diese Einbeziehung ein wesentlicher Bestandteil der kulturellen Integrationsarbeit ist. Es reicht meiner Ansicht nach nicht den Mitarbeitern in übernommenen Organisationen vor Ort die Kultur des Mutterkonzerns vorzuleben. Es ist von großer Wichtigkeit, dass die Mitarbeiter aus sämtlichen Bereichen und Ebenen Einblick in die herrschende Unternehmenskultur des übernehmenden Unternehmens bekommen. Es muss von Anfang an klar sein, dass es Teil der Unternehmenskultur ist, den persönlichen Meinungsaustausch mit der Konzernzentrale zu forcieren. Die Mitarbeiter der übernommenen Organisation müssen das Gefühl bekommen, dass ihre Meinung und Expertise gewünscht und gefragt ist und dass sie Teil des gesamten Entscheidungsprozesses sind. Hierfür bieten sich verschiedenste Veranstaltungen mit unterschiedlichsten zeitlichen Wiederholungen an, welche wiederum konzernweit auf gleicher Ebene (Vorstand, Abteilungsleiter, Teamleiter) oder ebenenübergreifend (Finanzbereich, HR Bereich, Beschaffung,...) stattfinden könnten. Ohne in die Thematik der Eventorganisation abgleiten zu wollen, empfiehlt es sich jedenfalls, Großevents – deren Ziel letztendlich die Schaffung einer gemeinsamen Vision und Kultur ist – professionell zu planen und mehrtägig zu gestalten.

[193] Beitrag auf www.zeit.de, Change Management, link: http://www.zeit.de/karriere/beruf/2012-05/chefsache-changemanagement, 5.8.2012
[194] Homma/Bauschke, Unternehmenskultur und Führung, 116

Ich habe in unzähligen Gesprächen mit Mitarbeitern übernommener Organisationen gelernt, dass das Gefühl durch die Teilnahme an Veranstaltungen jeglicher Art im Mutterhaus und die damit einhergehende gefühlte Wertschätzung wesentlich zu einer Verbundenheit beiträgt, die letztendlich die Basis für das Entstehen einer gemeinsamen Konzernkultur ist.

6.2 Handlungsempfehlungen: die zehn goldenen Regeln

Wie bereits in den vorhergegangenen Kapiteln verdeutlicht, ist die Kulturintegration ein sehr komplexer Prozess, der von verschiedensten Variablen abhängt. Letztendlich wird jedes Unternehmen für sich eine individuelle Strategie entwickeln müssen, die auf die jeweiligen Besonderheiten Rücksicht nimmt. Trotzdem lassen sich zehn allgemein gültige Handlungsempfehlungen ableiten, die – angepasst an die individuelle Situation - dazu beitragen können, die Kulturintegration erfolgreich und optimal umzusetzen:[195]

1. „Eine Strategie für die kulturelle Integration der beteiligten Unternehmen frühzeitig festlegen und darüber entscheiden, ob eine der vorhandenen Kulturen übernommen werden soll, die Kulturen nebeneinander bestehen bleiben oder eine neue gemeinsame Kultur entwickelt werden soll".

Die Ausprägung der Integrationsarbeit steht und fällt mit der Integrationsstrategie und dem Integrationsgrad. In Abhängigkeit der Erwartungen an eine M&A Transaktion (Steigerung Synergiepotenzial, Erhöhung Marktanteile, Innovationssteigerung, etc.) wird auch der Integrationsgrad ausfallen. Unterschiedliche Integrationsgrade erfordern unterschiedliche Integrationsmaßnahmen.

Jede Art der Integration für sich bietet sowohl Chancen als auch Risiken. Soll es zur kompletten Übernahme einer Organisationskultur durch das übernehmende Unternehmen kommen, dann ist diese zwar von großer Klarheit geprägt; das Risiko des Widerstandes muss jedoch als sehr hoch eingeschätzt werden. Soll das übernommene Unternehmen mit seiner Kultur im Wesentlichen erhalten bleiben, dann spricht man von einer „stand alone" Integration. Der Integrationsaufwand ist wesentlich geringer; die Gefahr der Auseinanderentwicklung deutlich größer.

Mitunter eine spannende Variante kann die Symbiose zweier bestehender Unternehmenskulturen sein; sie dauert zwar etwas länger, die Widerstandswahrscheinlichkeit ist dabei jedoch deutlich geringer.

Die Strategie und Art der Integration sind jedoch immer in Abhängigkeit zur individuellen Situation zu sehen. Es gibt keinen optimalen Integrationsgrad; es gibt nur eine optimale Strategie in Anlehnung an die vorab definierten Ziele und die vorherrschende Situation. Egal für welche Variante man sich letztendlich entscheidet; die Ausarbeitung und Umsetzung der Strategie muss frühzeitig und bereits in der Pre-Merger Phase beginnen.

2. „Die vorhandenen Kulturen hinsichtlich ihrer Gemeinsamkeiten und Unterschiede analysieren und die sich daraus ergebenden kulturellen Risikopotentiale, vor allem auch
im Hinblick auf Kunden bereits in der Integrationsplanung berücksichtigen".

Durch eine rechtzeitig durchgeführte Cultural Due Diligence können Gemeinsamkeiten und Unterschiede innerhalb der jeweiligen Unternehmenskulturen aufgezeigt werden. Mittels dieser im Vorfeld durchzuführenden Erhebung kann festgestellt werden, ob eine kulturelle Kompatibilität der involvierten Unternehmen vorliegt bzw. ob frühzeitig identifizierte Konfliktpotenziale zu einem „deal breaker" werden oder diese doch durch konsequente Integrationsarbeit abgefedert werden können. Erst anhand dieser Ergebnisse können die weiteren Integrationsschritte geplant werden.
Wie bereits erwähnt gibt es hierfür keine allgemein gültigen Regeln; die Integration muss individuell auf Basis der erhobenen Sachlage geplant werden. Mitunter empfiehlt es sich auch, den vorhandenen Absatzmarkt des zu übernehmenden Unternehmens detailliert zu analysieren. Nicht selten kommt es vor, dass Kunden ein Produkt aufgrund eines speziellen Images (des Unternehmens) kaufen. Es darf auf keinen Fall passieren, dass man ein bestehendes Image nicht genügend würdigt und es durch die folgenden Integrationsschritte „zerstört". Würde z.B. ein großes, alteingesessenes Unternehmen im IT Sektor ein anderes großes, modernes und innovatives Unternehmen übernehmen, dann bestünde die Gefahr, dass trotz einer

[195] Müller-Stewens/Kunisch/Binder, Mergers & Acquisitions, 339f

optimal durchgeführten kulturellen Integrationsarbeit letztendlich das Image leidet und der Kunde kein Interesse mehr an dem Produkt hat. Auch dies gilt es im Zuge der Vorfeldanalyse zu berücksichtigen.

3. „Frühzeitig Sinn, Vorteile und Ziele der Transaktion gegenüber Mitarbeitern und Kunden kommunizieren und die Gemeinsamkeiten beider Unternehmen hervorheben".

Eine aktive und wechselseitige Kommunikation mit allen involvierten Stakeholdern ist das Um und Auf für das erfolgreiche Gelingen einer M&A Transaktion. Dabei muss man zwar zwischen interner und externer Kommunikation unterscheiden; man darf aber nicht vergessen, dass diese konsistent sein muss, denn auch Mitarbeiter lesen Zeitungen oder hören Radio. Dabei muss man unbedingt beachten, dass der Informationsgehalt natürlich in Abhängigkeit zum Stand der M&A Transaktion steht.

Auch das Kommunikationskonzept muss bereits in der Vorfeldphase entwickelt und aufgesetzt werden, um zu verhindern, dass man auf bestimmte Entwicklungen nicht zeitgerecht reagieren kann. Im schlimmsten Fall kommt es zu unkoordinierten Kommunikationsmaßnahmen, die Fehlinformationen und Falschmeldungen produzieren, welche zu einem Vertrauensverlust führen können, welche nur schwer wieder rückgängig gemacht werden kann.

4. „Eine übergreifende Zusammenarbeit zwischen den Unternehmen, z. B. durch persönliche Treffen zum Kennen lernen, Mitarbeiteraustausch und Hospitation bei der Arbeit der Kollegen (»Workshadowing«) vor allem im Vertrieb etablieren".

Die verbale oder schriftliche Vermittlung von Standards oder Vorgehensweisen ist prinzipiell in Ordnung; sie kann aber den persönlichen Kontakt nicht ersetzten. Es empfiehlt sich bereits in der Anfangsphase den Kontakt zwischen den jeweiligen Fachbereichen der involvierten Organisationen zu fördern, sodass sich die „Vertreter" der unterschiedlichen Kulturen auf persönlicher Ebene austauschen können.

Die Auswahl der „entsendeten" Mitarbeiter auf Seite der übernehmenden Organisation muss immer unter dem Gesichtspunkt der Persönlichkeit erfolgen. Der erste Kontakt zwischen den Fachbereichen kann bei falscher Herangehensweise zu massiven Problemen und zu Ablehnung führen. Nur Personen, die auch das nötige Fingerspitzengefühl haben, sollten mit dieser Aufgabe betraut werden. So kann sichergestellt werden, dass Schritt für Schritt neue Standards erlernt und übernommen werden, ohne dass die Mitglieder der übernommenen Organisation ein Gefühl des Identitätsverlustes bekommen.

5. „Während der Integrationsphase regelmäßig Feedback bei Schlüsselmitarbeitern und -kunden einholen, um einer Mitarbeiter- und Kundenabwanderung entgegenzuwirken".

Integrationsarbeit ist ein planbarer aber durchaus flexibler Prozess, welcher situationsbedingt angepasst werden kann und muss. Diese Anpassung beruht unter anderem auf Informationen, welche man direkt aus Feedbackgesprächen erhält. Diese müssen gleich direkt im Integrationsplan verankert werden und deren Ergebnisse in die weitere Integrationsplanung einfließen.

Wie bereits erwähnt können Maßnahmen, die anderswo erfolgreich waren, diesmal nicht den gewünschten Effekt bei den Mitarbeitern oder auch Kunden bringen. Um nicht in eine völlig falsche Richtung zu marschieren müssen die relevanten Stakeholder regelmäßig über ihre Sicht der Dinge befragt werden. Nur dadurch kann die Integrationsarbeit erfolgreich und in der richtigen Richtung verlaufend fortgesetzt werden.

6. „Genügend Ressourcen einplanen, um den kulturellen Integrationsprozess zu begleiten".

Die Integrationsarbeit muss von einer professionell ausgerichteten Projektorganisation umgesetzt werden. Dies geschieht natürlich immer in Abhängigkeit zur Größe der durchzuführenden Integration. Diese Projektstruktur führt dazu, dass es zusätzlichen Mitarbeiterbedarf gibt, denn große Integrationsprojekte können nicht nebenbei betreut werden. Neben der Rolle des Integrationsmanagers gilt es ein schlagkräftiges Integrationsbüro zu organisieren, welches die notwendigen Integrationsteams koordiniert. Klarerweise ist dies kostenintensiv; das Scheitern einer M&A Transaktion bedingt durch falsche und unkoordinierte Kulturintegration würde jedoch ein Vielfaches an Kapital vernichten.

7. „Ein Netzwerk von Sponsoren und Multiplikatoren schaffen, das die Umsetzung der neuen Kultur in allen Geschäftsbereichen, Regionen, Standorten und auf allen Ebenen vorantreibt".

Neben den Integrationsteams, welche vor Ort die unterschiedlichen Maßnahmen umsetzen und die neu zu etablierende Unternehmenskultur vorleben sollen, müssen natürlich auch lokale Persönlichkeiten gefunden werden, die den Integrationsprozess aktiv unterstützen. Somit gilt es relativ rasch jene Personen zu identifizieren, die einerseits durch deren eigene Performance und andererseits durch die Motivation ihres Umfeldes zu einem wesentlichen Erfolgsfaktor für die Integrationsarbeit werden.

Diese Kernmitarbeiter können bei der Vermittlung neuer Leitlinien eingesetzt werden; sie können aber auch eine aktive Rolle im Konflikt- oder Eskalationsmanagement übernehmen. Zusätzlich kann ich aus eigener Erfahrung raten – im Falle einer ausländischen Übernahme – gewisse NGOs in die Integration einzubinden. Oftmals unterscheiden sich die neuen Märkte sehr stark vom Heimatmarkt; z.B. ist man in Südosteuropa oftmals mitunter mit hoher Arbeitslosigkeit, Minderheitenproblemen, schlechtem Zahlungsverhalten und einer anderen Arbeitsmoral konfrontiert. Die Problemlösung kann gemeinsam mit unterschiedlichsten NGOs angegangen werden um schrittweise eine kulturelle Veränderung innerhalb des Unternehmens aber auch im gesamten Land herbeizuführen.

8. „Das Führungsteam in die Verantwortung nehmen, da die neue Kultur »von oben« vorgelebt werden muss, um auch die Mitarbeiter zur Verhaltensänderung zu motivieren".

Bei der Auswahl des Topmanagements und des Integrationsteams muss ein besonderes Augenmerk auf deren „soft skills" gelegt werden. Sind Personen mit der Führung des Unternehmens betraut die kein sogenanntes Einfühlungsvermögen besitzen, dann wird dies relativ rasch zu einer Ablehnung des Führungsstils und überhaupt der Integrationsmaßnahmen führen. Will ich eine kulturelle Änderung herbeiführen, dann muss ich diese neue Kultur auch vorleben. Gerade die Handlungen des Führungsteams werden genauestens beobachtet und kommentiert; nur das konsequente Vorleben der Normen und Werte kann dazu führen, dass diese auch angenommen werden.

9. „Kennzahlen definieren, anhand derer der Umsetzungserfolg und die Effekte der neuen Unternehmenskultur gemessen werden können".

Eine direkte Messbarkeit der Unternehmenskultur mittels Kennzahlen gestaltet sich defakto als unmöglich. Mittels Fragebögen kann die Unternehmenskultur aber bewertet und bildhaft dargestellt werden. Mitunter kann bereits zu Beginn der Integrationsphase eine solche Analyse und Auswertung durchgeführt werden; diese kann in regelmäßigen Abständen wiederholt werden. Diese Fragebögen sollten jedoch in Zusammenarbeit mit darauf spezialisierten Experten entwickelt und auch ausgewertet werden um eine sinnvolle Aussage und eine zukünftige Vergleichbarkeit sicherzustellen.

Auch hier zeigt sich wieder, dass die Integrationsarbeit sehr individuell und auch flexibel organsiert werden muss, denn die Ergebnisse der ersten Fragerunde können zu einer Veränderung der bisherigen Integrationsstrategie führen.

10. „Der Kulturentwicklung Zeit geben, zwei bis fünf Jahre kann es durchaus dauern bis sich eine neue Kultur durchgesetzt hat".

Genauso wie sich die ursprüngliche – zum Zeitpunkt der Übernahme bestehende - Unternehmenskultur über Jahre entwickelt hat, kann es auch Jahre dauern bis eine neue Unternehmenskultur entsteht. Während negative Entwicklungen relativ rasch zu sichtbaren Ergebnissen führen können, muss man den gesetzten Integrationsmaßnahmen eine gewisse Zeit geben, um Resultate zu erzeugen, die sich dann wiederum nachhaltig in der Organisation manifestieren können. Obwohl ab einem gewissen Zeitpunkt die Integrationsorganisation zurückgefahren und Integrationsleistungen nur mehr im Bedarfsfall erbracht werden können, darf man die Integrationstätigkeit wohl niemals ganz aus den Augen verlieren.

7 Schlussbemerkung/Resümee

7.1 Zusammenfassung

Nach intensiver Auseinandersetzung mit der Thematik der kulturellen Integration kann ich für mich den Schluss ziehen, dass diese tatsächlich einen wesentlichen Erfolgsfaktor im gesamten M&A Prozess darstellt. Kulturelle Integration bedarf einer strukturierten Planung und zählt in weiterer Folge nicht – wie oft geglaubt – zu den „soft facts“ einer M&A Transaktion. Ich habe auf Basis meiner Recherchen nachgewiesen, dass es in jedem Fall zu einer kulturellen Integration und Interaktion zwischen zwei Organisationen kommt; erfolgt dies unkontrolliert und unstrukturiert kann das Ergebnis die erwarteten positiven Effekte einer M&A Transaktion im wahrsten Sinne des Wortes vernichten und diese in letzter Konsequenz zum Scheitern bringen.

Da die Unternehmenskultur die Basis für die kulturelle Integration darstellt, war es im ersten Schritt notwendig, diesen Begriff zu definieren und somit begreifbar und greifbar zu machen. Erst mit dem Wissen um die Funktionen der Unternehmenskultur kann die Tragweite der Nichtbeachtung im Integrationsprozess abgeschätzt werden. Da es sich bei der Unternehmenskultur um einen immateriellen Wert handelt, kann die Messbarkeit nicht in Form von einfachen Kennzahlensystemen erfolgen; diesbezüglich zeige ich mit dieser Arbeit eine Möglichkeit auf, wie Unternehmen die gelebte Kultur und die dazugehörigen Normen und Werte messbar und sichtbar machen können.

In weiterer Folge wird kurz die begriffliche Definition von Merger & Acquisition vorgenommen und der theoretische Ablauf chronologisch beschrieben. Dabei habe ich ein wesentliches Augenmerk auf die Relevanz dieser Phasen auf die unternehmenskulturelle Integrationsarbeit gelegt. Jede der drei M&A Phasen kann direkt mit der Kulturintegrationsarbeit in Verbindung gebracht werden. Ich konnte aufzeigen, dass die kulturelle Integrationsarbeit bereits im Vorfeld der Vertragsunterzeichnung – nämlich in der Pre-Merger Phase beginnt. Die vielfach unterschätzte oder gar nicht durchgeführte Cultural Due Dilligence kann bei ordnungsgemäßer Durchführung letztendlich – im positiven Sinn für den potenziellen Investor gesehen - zu einem Deal Breaker werden.

Um zu verstehen wie der Integrationsprozess angelegt werden muss um eine M&A Transaktion erfolgreich zu machen ist es notwendig, die Einflussfaktoren auf den Integrationsprozess zu kennen. Einerseits ist es für das übernehmende Unternehmen notwendig im Vorfeld die Integrationsstrategie, den Integrationsgrad und auch die Integrationsgeschwindigkeit festzulegen. Andererseits ist es notwendig die kulturellen Einflussgrößen zu kennen und zu verstehen, da die Unternehmenskultur eine Summe aus verschiedensten intern und extern gültigen Normen und Werten ist. Auf Basis dieser Erkenntnisse orientiert sich in letzter Konsequenz die Vorgehensweise im Integrationsprozess.

Da das Thema Post-Merger Integration auch in der Fachliteratur ausführlich beschrieben wurde, war eine Auseinandersetzung mit verschiedensten Modellen der Theorie notwendig. Obwohl ich sie jetzt als theoretische Modelle bezeichnet habe, sind diese doch durchwegs auf Basis empirischer Erhebungen entwickelt worden und haben somit – großteils – Praxisrelevanz.

Das Herzstück dieser Arbeit befasst sich intensiv mit den Erfolgsfaktoren der kulturellen Integration. Ich möchte an dieser Stelle nochmals darauf hinweisen, dass die aufgezählten Erfolgsfaktoren und gegebenen Handlungsempfehlungen für die kulturelle Integration nicht in einer chronologischen Reihenfolge dargestellt wurden. Viele Schritte und Prozesse müssen zeitgleich initiiert werden um am Ende ein optimales Ergebnis zu erzielen. Es empfiehlt sich hierfür, die erwähnte Projektorganisation konsequent aber immer auch individuell aufzusetzen, da es einer einheitlichen Koordinations- und Steuerungseinheit über alle Maßnahmen bedarf.

Ich bin überzeugt, dass ich durch die Kombination von Erkenntnissen aus diverser Fachliteratur und das Einbringen von eigenen Erfahrungen nachweisen konnte, dass die Unternehmenskultur und der Fokus auf die Integration dieser nach M&A Transaktionen wesentlich zum wirtschaftlichen Erfolg beitragen. Dieser Erfolg kann sich jedoch nur dann einstellen, wenn man die Unternehmenskultur – trotz ihres immateriellen Charakters – als wesentliches Erfolgskriterium einstuft und die

Integrationsarbeit hierfür professionell angeht. Unter professionell verstehe ich ein strukturiertes Vorgehen, das geplant werden kann und muss und in verschiedenen Schritten – oftmals nebeneinander - abläuft.

Letztendlich konnte ich aufzeigen, dass die Kulturintegration in der Vergangenheit durchwegs ein unterschätzter Erfolgsfaktor war; ich hoffe darauf, dass sich dies in Zukunft ändern wird, da zu viel Geld involviert ist, zu viele Arbeitsstunden in einer M&A Transaktion stecken und zu viele Schicksale betroffen sind!

7.2 Hypothesenüberprüfung

Am Beginn meiner Arbeit habe ich vier Hypothesen aufgestellt, die ich mit Hilfe dieser Arbeit verifizieren oder gegebenenfalls auf falsifizieren wollte:

1. **Kulturintegration ist ein wesentlicher und oftmals unterschätzter Erfolgsfaktor bei M&A Transaktionen**

Treffen unterschiedliche Kulturen aufeinander, erscheint es jedem Menschen nur logisch, dass dies zu Problemen führen kann. Man bedenke nur Urlaubsreisen wo unterschiedlichste Kulturen aufeinandertreffen, wobei sich der Reisende im Normalfall durch Reiseführer etc. über die lokalen Gegebenheiten informiert und sich auf diese einstellt. Würde man eine Reise uninformiert antreten, wird man aller Voraussicht nach mit unterschiedlichsten Problemen konfrontiert werden die eventuell sogar gefährlich werden können.

Alleine daraus ergibt sich für mich die Logik, dass bei der Übernahme eines Unternehmens der unternehmenskulturelle Aspekt eine wesentliche Rolle spielen muss. Auf Basis aktueller Studien kann festgestellt werden, dass die Bewältigung kultureller Unterschiede durchaus im Fokus der Manager steht; einer aktuellen Studie von A.T. Kearney zufolge haben allerdings nur 35 % der befragten M&A erfahrenen Unternehmen angegeben, dass für sie die kulturelle Integrationsarbeit ein wesentlicher Erfolgsfaktor ist. Trotzdem lehrt uns die Geschichte, dass große Unternehmensübernahmen und –zusammenschlüsse dadurch gescheitert sind, dass die kulturellen Differenzen nicht erkannt wurden oder einfach nicht überbrückt werden konnten. Daimler – Chrysler, BMW – Rover, Time Warner – AOL sind nur ein

Auszug aus gescheiterten Milliardenübernahmen, bei denen letzten Endes die unterschiedlichen Unternehmenskulturen ausschlaggebend für das Scheitern waren. Fühlen sich Organisationsmitglieder nicht mehr wohl, dann entsteht ein Nährboden für Missgunst, Gerüchte und Arbeitsverweigerung was schlussendlich den wirtschaftlichen Erfolg einer M&A Transaktion gefährdet.

Trotz der negativen Beispiele der Vergangenheit, der Aufarbeitung optimaler Integrationsarbeit durch die Wissenschaft und Forschung sowie der Aufnahme der Kulturintegration in die Beratungsansätze scheint es so, als ob Manager oftmals nach wie vor nicht in der Lage sind, den „soft fact“ Unternehmenskultur mit den „hard facts“ wie Finanzkennzahlen, Synergieeffekte etc. gleichzusetzen. Obwohl ich überzeugt bin, dass die kulturelle Integration zu einem Schwerpunktthema werden wird, werden wir auch zukünftig gescheiterte M&A Transaktionen sehen, die letztendlich auf eine Vernachlässigung der kulturellen Unterschiede zurückzuführen sein werden.

2. Es gibt einen Zusammenhang zwischen Unternehmenskultur und wirtschaftlichem Erfolg eines Unternehmens

Die Unternehmenskultur bezeichnet jene gemeinsamen und grundlegenden Überzeugungen innerhalb einer Gruppe, die diese ausmachen und typisch für sie sind. Diese Kultur mit all ihren Ausprägungen beeinflusst die Wahrnehmung, das Denken, das alltägliche Handeln und auch das Fühlen der Organisationsmitglieder. Eine stark ausgeprägte Unternehmenskultur verbindet die einzelnen Akteure und erhöht das Zusammengehörigkeitsgefühl. Das wiederum führt dazu, dass die involvierten Personen sich untereinander besser Abstimmen und dass sie letztendlich mit mehr Motivation den Arbeitsalltag bewältigen. Nachweislich steht die Motivation in einem direkten Zusammenhang mit dem „Wir Bewusstsein“, welches Einzelinteressen hinter jene des Kollektivs stellt. Besteht nun in einer Organisation eine Kultur bzw. ein System von Wertvorstellungen, Normen und Verhaltensweisen, die von den Mitgliedern der Organisation akzeptiert und schlussendlich übernommen werden, dann wirkt sich dies positiv auf die Stimmung innerhalb der Organisation und in letzter Konsequenz auf die Produktivität des Unternehmens aus. Eine schlechte „Stimmung“ innerhalb einer Abteilung oder eines Unternehmens wirkt sich immer kontraproduktiv auf die gesteckten Ziele aus; im schlimmsten Falle arbeiten die

Organisationsmitglieder sogar dagegen. Egal ob die Unternehmenskultur intakt ist oder nicht; sie wirkt sich direkt (positiv wie negativ) auf den Erfolg eines Unternehmens aus. Deshalb ist es auch so wichtig, der kulturellen Integration im Zuge einer M&A Transaktion einen wesentlichen Platz in der Integrationsplanung einzuräumen.

3. Kulturintegration beginnt schon weit vor der Post-Merger Phase und muss bereits im Vorfeld thematisiert und professionell bearbeitet werden

Mit der kulturellen Integrationsarbeit darf nicht erst in der sogenannten Post-Merger Phase - sprich jener Phase die nach der Vertragsunterzeichnung kommt - begonnen werden. Diese Aussage kann dadurch untermauert werden, dass damit wesentliche Teile der Vorfeldarbeit nicht durchgeführt wurden. Im Speziellen verweise ich hier auf die Cultural Due Diligence, die in der Vorphase einer M&A Transaktion durchgeführt werden muss und deren Ergebnisse in letzter Konsequenz zu einem sogenannten „deal breaker“ werden können. Nur eine im Vorfeld adäquate strategische Analyse zu den Fragen „ob“, „wann“ und „wie“ ein Unternehmenszusammenschluss stattfinden soll, kombiniert mit der Analyse über die subkulturellen, landeskulturellen und unternehmenskulturellen Einflüsse kann die Basis für weitere Schritte bis hin zur Vertragsunterzeichnung sein. Darauf aufbauend muss dann ein Integrationskonzept erarbeitet werden. Dieses Konzept muss neben der bereits im Vorfeld ausgewählten und involvierten Projektorganisation (Lenkungsausschuss, Integrationsmanager, Integrationsbüro und Integrationsteams) und den Projektmanagementtools einen wesentlichen Fokus auf die Kommunikationsstrategie legen. Ab dem Moment der offiziellen Verkündung einer Übernahme/Fusion kann es ohne entsprechendes strategisches Integrationskonzept (im Vorfeld zu erarbeiten) zu unabsehbaren Folgen für den weiteren Integrationserfolg kommen.

4. Die Vorgehensweise bei der kulturellen Integration kann geplant und in verschiedenen Schritten abgearbeitet werden

Wie bereits erwähnt soll mit der Planung der Integrationsschritte bereits im Vorfeld einer M&A Transaktion begonnen werden. Zeitgleich mit der Berechnung der wirtschaftlichen Effekte muss auch eine Analyse über die kulturelle Situation in der zu übernehmenden Organisation erfolgen. Kommt man zu dem Schluss, dass die M&A Transaktion sinnvoll ist und in weiterer Folge, dass die identifizierten kulturellen Unterschiede beherrschbar sind, dann muss sofort mit der Planung der Schritte nach der Übernahme begonnen werden. Obwohl es kein allgemein gültiges Schema gibt nach welchem die Integrationsarbeit erfolgen soll, gibt es doch Anhaltspunkte, nach denen man vorgehen kann. Trotzdem wird man ein Integrationskonzept erarbeiten müssen, dass individuell auf die im Vorfeld erhobene Situation passt. Gewisse Dinge können zwar eingeplant werden; die Umsetzung kann aber im Normalfall erst vor Ort begonnen werden. Im Vorfeld kann die Projektorganisation aufgesetzt, passende Projektmanagementtools ausgewählt und eine entsprechende Kommunikationsstrategie erarbeitet werden. Des Weiteren wird man auch bereits im Vorfeld das zukünftige Topmanagement festgelegt haben.

Die nun folgenden Schritte können zwar in gewisser Weise eingeplant werden (auf einer Zeitachse im Projektmanagementtool); die tatsächliche Art der Umsetzung hängt aber dann stark von den vor Ort tätigen Charakteren ab. Oftmals wird man sofort nach einer Übernahme beginnen, das 2. und 3. Level Management zu analysieren und gegebenenfalls auszutauschen. Das neue Führungsteam des Unternehmens muss dann auf eine neue Linie eingeschworen werden; des Weiteren müssen die identifizierten Kernmitarbeiter eingebunden und an das Unternehmen gebunden werden. In letzter Konsequenz muss aktiv mit der kulturellen Integration begonnen werden, wobei sich viele Dinge erst im Laufe der Zeit ergeben werden – abhängig von der Situation vor Ort.
Das bedeutet für mich, dass prinzipiell die kulturelle Integration geplant werden kann und auch muss; die Umsetzung muss allerdings flexibel erfolgen, sodass Maßnahmen sofort abgeändert und durch neue ausgetauscht werden können wenn es die Situation erfordert.

7.3 Ausblick

Obwohl das M&A Volumen der letzten Jahre beeinflusst durch die Wirtschafts- und Finanzkrise deutlich rückläufig war, kann mittelfristig wieder mit einer deutlichen Zunahme von Unternehmensübernahmen und –zusammenschlüssen gerechnet werden. Je mehr Marktteilnehmer (insbesondere meine ich hier ganze Länder) für sich entscheiden, nach marktwirtschaftlichen Grundsätzen zu agieren und letztendlich den Wettbewerb zuzulassen und zu fördern, desto stärker werden alteingesessene Unternehmen mit den Nachteilen der Globalisierung konfrontiert werden. Kostendruck und schwindende Marktanteile erzwingen Handlungen und enden mitunter in einem Innovationsschub und einer Neuausrichtung des Unternehmens oder unter Umständen auch in der Übernahme eines Konkurrenten mit dem Ziel, Marktanteile zu erhöhen, Synergien zu heben oder einfach nur Innovationen einzukaufen.

Vielfach sind Konzernlenker der Auffassung, dass mit dem positiven Abschluss der Wirtschaftlichkeitsrechnungen und Potenzialanalysen sowie der Sicherstellung der Finanzierungen einer solchen Transaktion die Hauptarbeit erledigt ist. Unzählige Beispiele der nahen Vergangenheit haben aber gezeigt, dass aus „irgendeinem" Grund offensichtlich gut organisierte und wirtschaftlich berechtigte Übernahmen letzten Endes gescheitert sind und rückabgewickelt wurden.

Jetzt ist es aber nicht so, dass es nicht genügend Literatur und Experten gäbe, die sich mit der Thematik nicht bereits grundlegend auseinander gesetzt haben. Studien zufolge wissen wir, dass sich ein Großteil der Unternehmenslenker sehr wohl bewusst ist, dass der finanzielle Aspekt einer Übernahme zwar die Basis für eine Kaufentscheidung darstellt, die wesentlichen Erfolgsfaktoren für eine langfristig erfolgreiche M&A Transaktion aber in der kulturellen Integration einer bestehenden Organisation in eine andere liegen. Trotzdem verlieren viele Manager die Kulturintegration – soweit diese überhaupt bedacht wurde - nach einiger Zeit wieder aus den Augen; dies liegt meines Erachtens daran, dass es rein aus der psychologischen Betrachtungsweise einfacher erscheint, letztendlich eine Übernahme mittels „harten" Kennzahlen zu bewerten und zu steuern als sich längerfristig mit einem „soften" Thema zu beschäftigen.

Es hat sich aber gezeigt, dass die Forschung als auch die Beratung das Thema sehr wohl aufgegriffen hat und die Bedeutung der Unternehmenskultur und die Notwendigkeit der Integration dieser erkannt hat. Waren in der Vergangenheit eher kleinere Beratungsunternehmen auf dem Gebiet der Kulturintegration tätig, hat meine Recherche gezeigt, dass alle namhaften Unternehmensberatungsunternehmen bereits auf den Zug aufgesprungen sind und die kulturelle Integration als einen der wesentlichsten Erfolgsfaktoren zum Gelingen einer Unternehmensübernahme anführen. Demzufolge ist es sehr wahrscheinlich, dass bei zukünftigen M&A Transaktionen ein wesentlicher Fokus auf die Unternehmenskultur gelegt werden wird. Dies wird einerseits dadurch garantiert, dass jene Personen die heute ein Wirtschaftsstudium mit Spezialisierung M&A abschließen und später bei der Durchführung solcher Projekte federführend involviert sein werden, bereits durch die Lehrenden und die zur Verfügung stehende Literatur eine Sensibilisierung auf das Thema Unternehmenskultur erfahren; andererseits wird wie bereits erwähnt eine fundierte Unternehmensberatung nicht mehr um das Thema herumkommen wollen und können.

Letztendlich wird die Anerkennung der Unternehmenskultur als ein wesentlicher Erfolgsfaktor zu einer „win-win“ Situation für alle Beteiligten führen; wirtschaftlich sinnvolle und gut geplante Übernahmen werden sich durch ein optimales Kulturmanagement auch langfristig optimal entwickeln, übernommene Mitarbeiter werden sich ohne Aufgabe ihrer eigenen Kultur in eine bestehende Konzernkultur eingliedern und diese erweitern/ergänzen und Aktionäre (private wie institutionelle) können davon ausgehen, dass langfristige Werte geschaffen werden.

8 Literaturverzeichnis

Literatur:

- Afsaneh Nahavandi und Ali R. Malekzadeh: Acculturation in Mergers and Acquisitions, in: Academy of Management Review, Jg.: 1988/13, Nr.: 1, AOM

- Afsaneh Nahavandi und Ali R. Malekzadeh: Organisational Culture in the Management of Mergers (1993), Westport: Quorum Books

- Ancillo Canepa: Die Due Diligence im M&A-Prozess (1998), Bern/Wien: Haupt Verlag

- Andreas Matje: Unternehmensleitbilder als Führungsinstrument: Komponenten einer erfolgreichen Unternehmensidentität (1996), Wiesbaden: Gabler

- Anthony F. Buono und James L. Bowditch: The human side of mergers and acquisitions – managing collisions between people, cultures and organizations (1989), San Francisco: Jossey-Bass

- Annette Blöcher: Cultural Due Diligence - Möglichkeiten und Grenzen der Erfassung und Bewertung von Unternehmenskulturen bei Unternehmenszusammenschlüssen (2004), Aachen: Shaker

- Bernd W. Wirtz: Mergers & Acquisitions Management: Strategie und Organisation von Unternehmenszusammenschlüssen (2003), 1. Auflage, Wiesbaden: Gabler

- Bernd W. Wirtz: Handbuch Mergers & Acquisitions Management (2006), 1. Auflage, Wiesbaden: Gabler

- Carsten R. Brehm und Sven Hackmann: Gestaltung von Unternehmensintegrationen – Konzeptionelle und praxisorientierte Gestaltungsmöglichkeiten, Arbeitspapier Nr. 1/2005 des Lehrstuhls für Betriebswirtschaftslehre II, Justus-Liebig- Universität Gießen

- Carsten Rockholtz: Marktwertorientiertes Akquisitionsmanagement - due iligence Konzeption zur Identifikation, Beurteilung und Realisation akquisitionsbedingter Synergiepotentiale (1999), Frankfurt/Main: Lang

- Charles Lattmann: Die Unternehmenskultur: Ihre Grundlagen und ihre Bedeutung für die Führung der Unternehmung (1990),Heidelberg: Physica-Verlag

- Christian Drepper: Unternehmenskultur – Selbstbeobachtung und Selbstbeschreibung im Kommunikationssystem „Unternehmen“ (1992), Frankfurt/Main: Lang

- Cornelia Scott: Due Diligence in der Praxis, Risiken minimieren bei Unternehmenstransaktionen mit Beispielen und Checklisten (2001), 1. Auflage, Wiesbaden: Gabler

- Dieter H. Vogel: M&A – Ideal und Wirklichkeit: Eine umfassende Darstellung (2002), 1. Auflage, Wiesbaden: Gabler

- Edgar H. Schein: Organizational Culture and Leadership (2004), 3. Auflage, San Francisco: Jossey-Bass

- Edmund Heinen und Matthias Fank: Unternehmenskultur: Perspektiven für Wissenschaft und Praxis (1997), 2. Auflage, München/Wien: Oldenbourg

- Eugen von Keller: Management in fremden Kulturen – Ziele, Ergebnisse und methodische Probleme der kulturvergleichenden Managementforschung (1982),Bern: Haupt

- Eva Stafflage: Unternehmenskultur als erfolgsentscheidender Faktor: Modell zur Zusammenführung bei grenzüberschreitenden Mergers& Acquisitions (2005), Göttingen: DUV

- Florian Riedel: Identifikation und Bewertung von Synergien bei Mergers & Acquisitions (2010), München: Grin

- Frank Borowitz und Klaus Mittermair: Strategisches Management von Mergers & Acquisitions – State of the Art in Deutschland und Österreich (2006), Wiesbaden: Gabler

- Frank Hauser, Andreas Schubert und Mona Aicher: Unternehmenskultur, Arbeitsqualität und Mitarbeiterengagement in den Unternehmen in Deutschland, BM für Arbeit und Soziales, Abschlussbericht Forschungsprojekt Nr. 18/05, 2008

- Franz Ramerstorfer, Synergiemanagement für die professionelle Post Merger Integration (2011), Stuttgart/Münschen, Roland Berger Strategy Consultants

- Geert Hofstede: Culture's Consequences – comparing values, behaviours, institutions and organizations across nations (2001), 2. Auflage, Thousand Oaks: Sage Publications

- Georg Schreyögg: Organisation – Grundlagen moderner Organisationsgestaltung mit Fallstudien (2003), 4. Auflage, Wiesbaden: Gabler

- Gerhard Picot und Helmut Bergmann: Handbuch Mergers & Acquisitions – Planung, Durchführung, Integration (2000), 1. Auflage, Stuttgart: Schäffer-Poeschel

- Gerhard Picot und Helmut Bergmann: Handbuch Mergers & Acquisitions – Planung, Durchführung, Integration (2002), 2. Auflage, Stuttgart: Schäffer-Poeschel
- Gerhard Picot und Bernd Bäzner: Handbuch Mergers & Acquisitions – Planung, Durchführung, Integration (2008), 4. Auflage, Stuttgart: Schäffer-Poeschel
- Gerhard Picot und Bernd Bäzner: Handbuch Mergers & Acquisitions – Planung, Durchführung, Integration (2012), 5. Auflage, Stuttgart: Schäffer-Poeschel
- Günter Müller-Stewens, Sven Kunisch und Andreas Binder: Mergers & Acquisitions - Analysen, Trends und Best Practices (2010), Stuttgart: Schäffer Poeschel
- Günter K. Stahl, Wolfgang Mayrhofer und Torsten M. Kühlmann: Internationales Personalmanagement – neue Aufgaben, neue Lösungen (2005), 1. Auflage, München: Hampp
- Günter Wöhe und Ulrich Döring: Einführung in die allgemeine Betriebswirtschaftslehre (2002), 21. Auflage, München: Vahlen
- Helmut Zell und Karsten Matthis: Unternehmenskultur-Check: Stärken erkennen – Schwächen analysieren – Werte prägen (2002), Bonn: VNR Verlag für die Deutsche Wirtschaft
- Heribert Meffert, Christoph Burmann und Manfred Kirchgeorg: Marketing – Grundlagen marktorientierter Unternehmensführung; Konzepte, Instrumente, Praxisbeispiele (2008), 10. Auflage, Wiesbaden: Gabler
- Hermann Witte: Allgemeine Betriebswirtschaftslehre - Lebensphasen des Unternehmens und betriebliche Funktionen mit Aufgaben (2007), 2. Auflage, München/Wien: Oldenbourg
- Inga Voss: M&A-Rekordjahr 2006: Deutschland im weltweiten Trend, in: M&A Review Jg.: 2007, Nr.: 2, Going Public Media AG
- Ingrid S. Fulmer, Barry Gerhart und Kimberly Scott: Are the 100 best better? An empirical investigation of the relationship between a "great place to work" and firm performance, in Personnel Psychology, Jg.: 2003, Nr.: 56/4, Wiley Periodicals
- Jan J. Lies, Christina Vaih-Baur und Michael Kleinjohann: Public Relations – ein Handbuch (2008), Konstanz: UVK-Verl.-Ges.
- Johannes Gerds und Gerhard Schewe: Post-Merger-Integration – Unternehmenserfolg durch Integration Excellence (2011), 4. Auflage, Berlin: Springer

- Jürgen Bolten: Einführung in die interkulturelle Wirtschaftskommunikation (2007), Stuttgart: Vandenhoeck & Ruprecht

- Jürgen Prott: Unternehmenskultur und Personalführung im betrieblichen Alltag - begriffliche Zusammenhänge und empirische Erkenntnisse(2004), 1. Auflage, München: Hampp

- Kai Lucks und Reinhard Meckl: Internationale Mergers & Acquisitions – der prozessorientierte Ansatz (2002), Berlin: Springer

- Karl Langenstein: Post Merger Integration Management (2007), 1. Auflage, Köln: Eul

- Klaus Doppler und Christoph Lauterburg: Change Management - Den Unternehmenswandel gestalten (2005), 11. Auflage, Frankfurt/Main: Campus

- Klaus Doppler und Christoph Lauterburg: Change Management - Den Unternehmenswandel gestalten (2008), 12. Auflage, Frankfurt/Main: Campus

- Mats Alvesson und Per Olf Berg: Corporate Culture and Organizational Symbolism (1992), Berlin: W. de Gruyter

- Max M. Habeck und Fritz Kröger und Michael Träm: Wi(e)der das Fusionsfieber - Die sieben Schlüsselfaktoren erfolgreicher Fusionen (1999), Wiesbaden: Gabler

- Michael Kutschker und Stefan Schmid: Internationales Management (2002), München/Wien: Oldenbourg

- Michael Olbrich: Unternehmenskultur und Unternehmenswert (1999), Wiesbaden: Deutscher Universitätsverlag

- Mitchell L. Marks und Philip H. Mirvis: Merger Syndrome: Stress and Uncertainty, in: Mergers & Acquisitions, Jg.: 1985, Nr.: 2

- Nancy Hubbard: Acquisition –Strategy and Implementation (2001), 2. Auflage, Hampshire: Palgrave, 2001

- Norbert Homma und Rafael Bauschke: Unternehmenskultur und Führung – Den Wandel gestalten – Methoden, Prozesse, Tools (2010), 1. Auflage, Wiesbaden: Gabler

- Paul Bate: Strategies for cultural change - Cultural change (1997), München: Gerling Akad. Verlag

- Peter Dill: Unternehmenskultur – Grundlagen und Anknüpfungspunkte für ein Kulturmanagement (1987), Bonn: BDW-Verlag

- Philippe C. Haspeslagh und David B. Jemison: Akquisitionsmanagement: Wertschöpfung durch strategische Neuausrichtung des Unternehmens (1992), Frankfurt/Main: Campus Verlag

- Robert J. House ua: Culture, leadership and organizations: The Globe Study of 62 Societies (2004), Thousand Oaks: Sage Publications

- Roland Bickmann: Chance: Identität – Impulse für das Management von Komplexität (1999), 1. Auflage, Berlin: Springer, 1999

- Ronald J. Samuda und Sandra L. Woods: Perspectives in immigrant and minority eduction (1983), Texas: University Press of America

- Rupert Felder: Human resources im M&A Prozess – Spielregeln und Strategien für Personaler (2004), Frankfurt am Main: Frankfurter Allgemeine Buch

- Siegfried Ganzert und Lutz Kramer: Due Diligence Review – eine Inhaltsbestimmung, in: Die Wirtschaftsprüfung, Jg.: 1995, Nr.: 17, IDW

- Silke Gross-Hornke und Sabrina Gurk: Erfolgsfaktoren Unternehmenskultur bei Mergers & Acquisitions (M&A), in: Finanz Betrieb, Jg.: 2009, Nr.: 2, Handelsblatt

- Sita Schanne: Gestaltung der kulturellen Integration bei Unternehmenszusammenschlüssen aus strukturationstheoretischer Perspektive (2002), Heidelberg: Universitätsbibliothek Heidelberg

- Sonja A. Sackmann: Unternehmenskultur – Erkennen/Entwickeln/Veränderen (2002), Neuwied: Luchterhand

- Stefan Hase: Integration akquirierter Unternehmen – Planung, Konzeption, Bewertung und Kontrolle (2002), Ludwigsburg: Verlag Wissenschaft & Praxis Dr. Brauner

- Stephan A. Jansen, Gerhard Picot und Dirk Schiereck: Internationales Fusionsmanagement – Erfolgsfaktoren grenzüberschreitender Unternehmenszusammenschlüsse (2001), Stuttgart: Schäffer-Poeschel

- Stephan A. Jansen: Mergers & Acquisitions – Unternehmensakquisitionen und –kooperationen; eine strategische, organisatorische und kapitalmarkttheoretische Einführung (2001), 4. Auflage, Wiesbaden: Gabler

- Stephan A. Jansen: Mergers & Acquisitions – Unternehmensakquisitionen und –kooperationen; eine strategische, organisatorische und kapitalmarkttheoretische Einführung (2008), 5. Auflage, Wiesbaden: Gabler

- Stephan A. Jansen: Die 7 K´s des Merger-Managements – Erste empirische Ergebnisse kapital- und wissensbasierter Zusammenschlüsse, in: ZfO-Zeitung für Führung und Organisation, Jg.: 2002, Nr.: 1, Schäffer Poeschel

- Sue Cartwright und Cary L. Cooper: Mergers and acquisitions: the human factor (1992), 1. Auflage, Oxford: Butterworth-Heinemann

- Sue Cartwright und Cary L. Cooper: The role of culture compatibility in successful organizational marriage, Academy of Management Executive, Jg.: 1993/7, Nr.: 2

- Sue Cartwright und Cary L. Cooper: Managing Mergers, Acquisitions and Strategic Alliances: Integrating Peoples and Cultures (1997), 2. Auflage, Oxford: Butterworth-Heinemann

- Susanne Rohloff: Die Unternehmenskultur im Rahmen von Unternehmenszusammenschlüssen (1994), Bergisch Gladbach: EUL

- Torsten Gerpott: Integrationsgestaltung und Erfolg von Unternehmensakquisitionen (1993), Stuttgart: Schäffer Poeschel

- Ulrich Balz und Olaf Arlinghaus: Praxisbuch Mergers & Acquisitions – Von der strategischen Übernahme zur erfolgreichen Integration (2007), 2. Auflage, Landsberg am Lech: mi-Fachverlag

- Ulrich Krystek: Unternehmenskultur und Akquisition, in: Zeitschrift für Betriebswirtschaft Jg.: 1992/62, Nr.: 5, Gabler

- Ulrich Leffson: Wirtschaftsprüfung (1991), 4. Auflage, Wiesbaden: Gabler

- Werner Kroeber-Riel und Peter Weinberg: Konsumentenverhalten (2003), 8. Auflage, München: Vahlen

- Wolfgang Berens und Hans U. Brauner und Joachim Strauch: Due Diligence bei Unternehmensakquisitionen (2011), 6. Auflage, Stuttgart: Schäffer Poeschel

- Yvonne Stüdlein: Management von Kulturunterschieden – Phasenkonzept für internationale strategische Allianzen (1997), Wiesbaden: Dt. Univ. Verlag

Internetquellen:

- Beitrag auf greatplacetowork.at, Wie schafft man einen Great Place to Work?, link: http://www.greatplacetowork.at/great/index.php, 1.7.2012

- Beitrag auf greatplacetowork.at, Unser Modell, link: http://www.greatplacetowork.at/great/modell.php, 1.7.2012
- Beitrag auf www.grundlagen-der-unternehmensfuehrung.de, Elemente des Modells der Unternehmenskultur nach Schein, link: http://www.grundlagen-der-unternehmensfuehrung.de/Antworten/An2-3.htm, 3.7.2012

- Beitrag auf www.univie.ac.at, Geert Hofstede: fünf Kulturdimensionen, link http://www.univie.ac.at/ksa/elearning/cp/organthro/organthro-75.html, 5.7.2012

- Beitrag auf ma-review.de, M&A oder Teamhunting?, link: http://www.ma-review.de/magazin-ma-review/standpunkt-aktuelle-ausgabe.html, 7.7.2012

- Beitrag auf www.ottmar-schneck.de, Cultural Due Diligence oder warum die meisten Fusionen scheitern?, link http://www.ottmar-schneck.de/uploads/media/Cultural_Due_Diligence_oder_warum_die_meisten_Fusionen_scheitern.pdf, 10.7.2012

- Beitrag auf www.transkulturelles-portal.com, GLOBE Studie, link: http://www.transkulturelles-portal.com/index.php/5/54, 10.7.2012

- Beitrag auf www.transkulturelles-portal.com, Navigationshilfe für internationales Change Management, link: http://www.transkulturelles-portal.com/images/Links/brodbeck_globe.pdf, 10.7.2012

- Beitrag auf www.hswt.de, Untersuchung von Humanressourcen und Unternehmenskultur nach dem Konzept der "konkurrierenden Werte", link: http://www.hswt.de/fgw/infodienst/2010/oktober/unternehmensfuehrung.html, 13.7.2012

- Beitrag auf www.atkearney.at, Unternehmenskauf in Osteuropa, link: http://www.atkearney.at/content/misc/wrapper.php/id/49970/name/pdf_4717w_management_club_wien_v2_1201871173b1ac.pdf, 2.8.2012

- Beitrag auf www.projektmagazin.de, Der Lenkungsausschuss, link: http://www.projektmagazin.de/glossarterm/lenkungsausschuss, 4.8.2012

- Beitrag auf www.zeit.de, Change Management, link: http://www.zeit.de/karriere/beruf/2012-05/chefsache-changemanagement, 5.8.2012

- Beitrag auf www.paulwatzlawick.de, Die Axiome von Paul Watzlawick, link http://www.paulwatzlawick.de/axiome.html, 5.8.2012

- Beitrag auf www.contrast-consulting.com, Post Merger Integration, link: http://www.contrast-consulting.com/fileadmin/user_upload/press_file/Post_Merger_Integration.pdf, 6.8.2012

9 Abbildungsverzeichnis